中华经典诵读
艺术论

肖明炎　著

重庆大学出版社

图书在版编目（CIP）数据

中华经典诵读艺术论 / 肖明炎著 . -- 重庆：重庆大学出版社，2024. 12. -- ISBN 978-7-5689-4621-6

Ⅰ . H019

中国国家版本馆 CIP 数据核字第 20246CV527 号

中华经典诵读艺术论

ZHONGHUA JINGDIAN SONGDU YISHULUN

肖明炎　著

责任编辑：陈筱萌　　版式设计：陈筱萌
责任校对：邹　忌　　责任印制：张　策
*
重庆大学出版社出版发行
出版人：陈晓阳
社址：重庆市沙坪坝区大学城西路 21 号
邮编：401331
电话：(023)88617190　　88617185(中小学)
传真：(023)88617186　　88617166
网址：http://www.cqup.com.cn
邮箱：fxk@cqup.com.cn(营销中心)
全国新华书店经销
重庆市国丰印务有限责任公司印刷
*
开本：720mm×1020mm　1/32　印张：11　字数：135 千
2024 年 12 月第 1 版　2024 年 12 月第 1 次印刷
ISBN 978-7-5689-4621-6　定价：48.00 元

前　言

　　由于工作的原因，我常有机会与爱好朗诵的朋友在一起交流。一般人们说起朗诵，往往认为是"那个"样子的，"那个"是什么？可能是普通话规范的、大声的、有感情的，等等。如果进一步探寻，朗诵和朗读、播音、演讲、表演有什么区别？或者说它们是不是一回事？多数朋友回答不是一回事，但其原因，则很难说清。我想，这是我写这本书的动机之一。

　　诵读又是什么？从字面看，"诵读"显然是"朗诵"和"朗读"的上位义，即"诵读"应该是包含了"朗诵"和"朗读"的，当然，还可能包含其他类似的形式，我们在后文进一步探讨。而从本质上看，如果以当前的艺术理论为支撑，则诵读也是一门艺术，应属于语言艺术的门类。如果艺术的本质特征是"真实性、形象性、典型性"[1]，而文学属于艺术，那么以文学作品为依据，由诵读者进行二度创作的诵读作品也应符合"真实地反映客观世界或社会生活""有具体可感的形象"以及"以非常突出的现象充分地表现着事物的本质，以非常鲜明的形象有力地体现现实生活普遍性的艺术（艺术的典型性）"的特征[2]。

1　王宏建：《艺术概论》，文化艺术出版社，2010，第48、53、56页。

2　王宏建：《浅谈艺术的本质》，《美术》，人民美术出版社，1981年第5期，第10–13页。

如果诵读是一门独立的艺术，那么它与播音和主持艺术、表演艺术可以是交叉关系、姊妹关系，但不是同一门艺术。既然它们不是同一门艺术，那么当前学界和业界广泛流行的"播音式""表演式""配音式"（这里姑且沿用通俗提法、诵读的下位义词——"朗诵"），我们可以视作是不同的创作方法，而不能将朗诵与播音、表演、配音（关于配音艺术是否隶属表演艺术，暂时不在本书讨论范围之内）完全画等号。因为每一门艺术都有属于自己的创作方法和表现手段，每一门艺术的创作方法和表现手段可以是多样的、发展的。从存在形式上看，诵读可以自娱，亦可娱人，既可以作为日常生活中大众鉴赏文学作品、提升自身文化素养的方式，也可以作为舞台艺术当众展示给他人欣赏——传播中华文化、发挥中华经典在今天的时代价值。

2018年，教育部、国家语委印发《中华经典诵读工程实施方案》（以下简称《方案》）指出，通过开展经典诵读、书写、讲解等文化实践活动，挖掘与诠释中华经典文化的内涵及现实意义。自《方案》发布以来，以"中华诵""有声阅读""经典诵读"等为主题的赛事活动在全国迅速开展起来，得到了社会各界尤其是广大学生群体的广泛响应和积极参与，收到了良好的社会效果。在本书中，笔者结合多年来在中华经典诵读领域的相关实践和教学感悟，就中华经典诵读艺术的理论与实践谈了一些粗浅的思考和建议。前有所承，后有所发，任何一个艺术门类的理论建设都不能完全抛开传统而从零开始的，在此感谢为本书提供理论借鉴的前辈、同行，成书略急，不当之处望大家包涵、指正！

肖明炎

2024年3月于重庆

目　录

第一章

中华经典的概念与特征

第一节　中华经典的概念界定

目及世界，人类文明发展至今，构成世界各民族、各种精神文化基石的，便是它们的经典。例如，提到希腊文明，我们无法忽视古希腊神话、悲喜剧以及古希腊哲学这些重要的元素，如《被缚的普罗米修斯》《荷马史诗》《伊索寓言》《理想国》等。同样，谈及中华文明，我们不能忽略那些公认的千百年来的经典，如《诗经》《论语》《庄子》《史记》等。

"经典"一词在《现代汉语词典》中的解释是："①指传统的具有权威性的著作；②泛指各宗教宣扬教义的根本性著作；③著作具有权威性的；④事物具有典型性而影响较大的。"[1]"经典"这个词在古代便已存在，在《汉书·孙宝传》中记载大臣孙宝之言："周公上圣，召公大贤。尚犹有不相说，著于经典，两不相损。"在《后汉书·皇后纪上·和熹邓皇后》中记载："后重违母言，昼修妇业，暮诵经典，家人号曰'诸生'。"《法华经·序品》中写道："又睹诸佛，圣主师子，演说经典，微妙第一。"萧乾在《斯诺与中国新文艺运动》中也提到："箱子里都是袖珍本的经典文学作品。"

这些引证都彰显了"经典"这个词的现代内涵：那些具有永恒意义，堪为后世典范的著作。

而对于中华经典的定义，学术界给出了许多复杂且多元的

---

1 中国社会科学院语言研究所词典编辑室：《现代汉语词典（第7版）》，商务印书馆，2019，第685页。

观点，它们涉及不同学科领域的理论和见解。以下是几种常见的定义方式。

从传统文化的角度考虑，中华经典通常被理解为在古代中国广泛传播，并产生重大影响的经典著作，如《论语》《庄子》和《诗经》等，这些经典作品代表了中国古代社会的思想、文化和价值观念，被视为传统文化的瑰宝；在文学艺术领域，中华经典被认为是具有卓越艺术价值、在文学创作和艺术表现上具有独特魅力的经典作品，如《红楼梦》和《西游记》等，这些作品不仅在当前文学界具有重大影响，更在全球文学史上占据了重要位置；从思想文化的角度看，中华经典被理解为具有丰富思想内涵、代表中国传统文化特性和价值观念的经典著作，如《大学》和《中庸》等，这些经典作品集中体现了中国古代的智慧、道德伦理和哲学思想；在社会科学领域，中华经典被视为研究中国历史、政治、经济和社会等方面的重要文献和理论著作，如《资治通鉴》和《纪实中国》等，这些经典作品为研究中国社会提供了宝贵的资料和思想资源。

需要注意的是，由于中华经典涵盖了广泛的领域和内容，不同的学科背景、学术流派和研究方法往往会导致对其定义的差异和争议。因此，在界定中华经典时，我们需要综合各种观点，充分考虑其历史渊源、文化特性和学术价值，以获得更全面、准确的理解。

此外，笔者更想强调的是，经典并非是固定不变的。实际上，经典是一本可以被后世无数读者反复阅读，并赋予新的时代内涵的著作。用伽达默尔的话来说，阅读经典是历史观和现代观的融合，是一种创造性的活动。只有缺乏创造性思维的人才会认为先秦诸子的历史散文是过时的，正如习近平总书记在2023年6月考察中国国家版本馆时所强调："建设版本馆的初心就是收藏，就是在我们这个历史阶段，把自古以来能收集到的典籍资料收集全、保护好，把世界上唯一没有中断的文明继续传承下去。"

从目的性来看，经典和普通的工具书有所不同。当我们阅读一本生物教科书时，我们的目标是掌握更准确的生物学知识，更具体地理解生物领域。但当我们阅读一本经典著作时，阅读本身就是目标，因为我们已经将阅读经典作为丰富精神世界的一种途径。从选择性来看，经典并不意味着我们必须接受所有的作品。每个读者都有属于自己的成长背景、生活习俗、文化传统、思维方式以及人生体验。正如托尔斯泰虽然是伟大的作家，但他却认为莎士比亚的作品水平不高。因此，阅读经典并不意味着我们必须被动地接受所有的东西。即使是最伟大的思想家，也无法喜欢并认同所有的经典作品。因为阅读经典的选择性，也是我们对待经典的一种鲜活态度。

经典是世界上任何一个民族语言和思想的符号。如"孔孟老庄"之于中国文化及传统思想，"希腊三贤"（苏格拉底、柏拉图和亚里士多德）之于希腊哲学，普希金之于俄国社会和俄国文学，他们的经典都远远超越了个人层面，上升为一个民族乃至全人类的共同经典。纵观世界文明发展史，经典可以给我们更多的启示。当我们面对"我们是谁"或者"我们处于何种进程"等问题时，经典就像是连接无数个历史隧道的指引，让我们能够在黑暗中时刻保持清醒。在这个急速变化的现代社会，我们更需要经典的指引，帮助我们在复杂世界中寻找方向，理解人类历史和文明，从而更好地理解我们自己和这个世界。因此，阅读经典并不仅仅是为了增加知识，更重要的是为了开阔视野、提升思维、启发灵感、丰富生命。

总的来看，中华经典是中国传统文化的精粹，是我们民族的宝贵财富。我们应该珍视它、尊重它、传承它，并在阅读和研究中不断发现其新的内涵和价值，让中华经典在新的时代背景下焕发新的光彩。

第二节 中华经典的文化特征

一、思想深邃，内涵丰富

自古至今，中华经典以其深邃的思想、丰富的内涵和独特的表达方式，成为中华文化的瑰宝。这些经典以其深入人心的哲理，影响了无数后代，成为我们认识世界、认识自我、提升道德修养的重要途径。

首先，中华经典的思想深邃特征体现在其对人生哲理的深入剖析。在中华经典中，引人深思的哲理比比皆是，如《道德经·第四十二章》中的"道生一，一生二，二生三，三生万物"，这是对万物生成的深刻洞察；孔子的"己所不欲，勿施于人"，这是对人与人交往的道德规范的智慧提炼。这些深邃的思想不仅是对人生价值和生命意义的探索，更是对人类行为和道德伦理的引导。

其次，中华经典的思想深邃特征还体现在其对社会现象的独到见解。如《三国演义》中的"天下大势，分久必合，合久必分"，这是对历史规律的深刻揭示；孟子的"天将降大任于斯人也，必先苦其心志，劳其筋骨，饿其体肤，空乏其身，行拂乱其所为，所以动心忍性，曾益其所不能"，这是对人生苦难和困境的深入解读，也是对人生价值和人生态度的深刻阐述。

最后，中华经典的思想深邃特征还表现在其对自然和人生的独特理解，如《庄子》中的"齐物论"，体现了世界万物平等的观念，对我们理解世界，理解人生，有着深远影响。

二、中华经典的美学特征与表现形式

经典文学审美的一个重要特征是其高度的艺术性与创造性。文学作品通过言语和文字的运用，以独特的方式表达作者的情感、思想和想象力，展示了艺术的力量和魅力。

首先，文学作品具有高度的艺术性。艺术性是指作品所具有的独特的美感和审美价值。文学作品通过对语言的精细运用，创造了一种独特的艺术形式，使读者在阅读中感受到美的享受。这种美感体现在多个方面，包括文学作品的语言美、形式美、结构美等。通过对词语、句式、修辞手法的巧妙运用，文学作品能够创造出绚丽多彩、韵味独特的艺术效果，给人以美的体验。《红楼梦》作为中国古代四大名著之一，被誉为中国古代小说的巅峰之作。《红楼梦》通过对人物形象的塑造展现了其艺术性。作品中的贾宝玉、林黛玉等一系列形象生动而丰满，他们具有鲜明的个性特点和复杂的情感世界。作者曹雪芹通过对这些人物，以及他们之间的关系和互动的描写，展现了人性的复杂性和多样性，给读者带来强烈的情感共鸣。同时，作品中的情节设置和结构安排也体现了其艺术性。《红楼梦》以贾宝玉的人生经历为主线，通过一系列错综复杂的情节和转折，揭示了封建社会的虚伪与残酷，展示了人生的无常和命运的不可抗拒。这种情节的安排和结构的构建，使得作品更加丰富有趣，给读者带来了极大的阅读乐趣。

其次，经典文学作品具有高度的创造性。创造性是指作者在创作过程中表现出的独创性和创新性。文学作品不仅是简单地描述现实，更多的是通过作者的想象力和创造力创造出一个独特的艺术世界。《水浒传》通过对人物形象的创造展现了其创造性。作品中的108位好汉形象各异，个性鲜明。如宋江作为主要人物，是一个有智有勇的将领，具有聪明、机智和勇敢的特点；林冲则忠诚而豪爽，他以勇猛善战的形象深受读者喜爱。这些人物形象的创造不仅依靠现实生活中的参照物，还有作者的想象和创造，使得作品中的人物形象形形色色，各具个性，给读者带来了强烈的视觉和心理冲击。文学作品中的人物形象、情节设置、意象和象征等，都是作者经过深思熟虑和创造性的构思所得出的结果。通过将再现的现实与想象融合，文学作品能够呈现出丰富多样、富有个性的艺术形象和情节，给读者带来新奇和惊喜。

文学作品的高度艺术性与创造性体现了作者的才华和创作力，也体现了文学作品与其他艺术形式的区别。相比于绘画、音乐等艺术形式，文学作品的文字表达形式，更加富有表现力和抽象性。作者通过对词语的选择、句子的构建等，使得文学作品能够创造出丰富的想象空间和情感共鸣。同时，文学作品还通过对故事情节、人物形象等元素的创造，使得读者与作品建立起一种独特的心灵连接，引发共鸣与思考。

最后，经典文学作品还具备动人心弦的情感性表征。《诗经》通过对情感的歌颂和表达展现了其情感性。《诗经》中的诗歌反映了古人的情感体验，包括爱情、离别、思乡、悲哀等。例如《国风·卫风·木瓜》中爱情之悱恻，《国风·鄘风·蝃蝀》中对幸福的追求等。这些诗歌以简洁而深刻的语言，表达了作者的情感和思想，同时也引发了读者的情感共鸣和思考。中国古代经典文论《毛诗序》认为，《诗经》是"情动于中而形于言"，即通过诗歌的语言来表达情感和志向。它认为诗歌是表达人们内心情感的一种方式，是情感的外化和传递，诗歌作为一种文学形式，它能够通过情感的表达来激发读者的共鸣和思考。《毛诗序》还强调了诗歌的情感表达应该真实而深刻。所谓"诗者，志之所之也，在心为志，发言为诗。"意思是说诗歌的情感表达应该源自真实的情感体验，同时也要通过语言和形式的变化来实现更深层次的情感表达。诗歌要求作者能够真实地表达自己的情感，并通过巧妙的语言表达和形式变化来传递给读者。

中华经典文学作品的表现形式是多种多样的，基本涵盖了散文、诗歌、小说、戏剧等多种文学体裁。

散文是一种古老的文学体裁，从最初的历史散文逐渐演变为文学本质的散文，经历了漫长的发展过程，最终演变为一种以平实的语言、叙述性的方式来表达思想、感情和体验的文学形式。《论语》是中国古代散文的经典之作，是孔子及其弟子的言行录。它以简练的语言和明确的思想，记录了孔子及其弟子的言论和行为，表达了儒家思想的核心观点和道德教诲，对后世产生了深远的影响。《庄子》是中国古代散文的重要之作，是道家思想的代表性著作。它以幽默的语言和夸张的形象，通过对自然、人性和社会的思考，表达了庄子对人生和世界的独特见解，展现了深刻的思辨和哲学思考。《史记》是中国古代散文的杰作之一，是中国历史上第一部纪传体通史。它以精确的史实和生动的叙述，记录了从上古到汉武帝时期的历史事件和人物，展现了丰富的历史文化和人物形象，对后世历史研究产生了重要影响。现代散文如鲁迅《过年》、林语堂《雅人雅事》、茅盾《我的母亲》、朱自清《荷塘月色》等，注重真实的描写和对细节的观察，以及对生活、自然、人性等的思考和抒发。散文的语言通常较为自由，不受格律和韵律的限制，可以更灵活地表达作者的情感和思想，给读者带来亲切的阅读体验。

其次是诗歌。诗歌是一种以押韵和节奏为特点的文学形式，通过独特的语言和形式来表达情感、思想和意象。诗歌注重形象的表达和意境的营造，通过音韵和节奏的变化来增强表达效果。诗歌常常以简练而深刻的语言，以及独特的韵律和押韵方式来表达作者的情感和思想。它可以通过抒情、叙事、描写等方式呈现，给读者带来美感的享受和思考的空间。

古代诗歌起源于先秦时期，最早的诗歌形式是诗经中的风、雅、颂等篇章。到魏晋时期，出现了乐府民歌和绝句等形式，其中以陶渊明等诗人的作品最为著名。唐代是中国诗歌发展的黄金时期，被誉为"唐诗盛世"。唐诗以五言绝句和七言绝句为主要形式，涌现出了许多杰出的诗人，如王勃、王之涣、李白、杜甫、白居易等，他们的作品以深邃的思想和精湛的艺术成就闻名于世。宋代是中国词的鼎盛时期。宋词是以七言绝句和七言律诗为基础的，注重抒发个人情感和表达爱情，具有细腻婉约的风格和丰富的意境。苏轼、辛弃疾、李清照等是宋代著名的词人。元曲是中国古代戏曲的重要形式之一，也是诗歌与音乐、舞蹈相结合的艺术表现形式。元曲以四言、五言、七言等形式为主，具有抒发情感和展现人性的特点，著名的元曲作家有关汉卿、郑光祖等。明代和清代是中国诗歌发展的后期时期，诗歌风格多样化。明代的诗人有杨慎、杨基、杨万里等，清代的诗人有袁枚、纳兰性德、杨维桢等，他们的作品在形式和内容上呈现出丰富多样的特点。

近现代诗歌是指从19世纪末到20世纪末的诗歌创作，涵盖了一系列不同风格和流派的作品。新诗运动是中国近现代诗歌发展的重要里程碑，起源于20世纪初。新诗运动主张"白话文化"，反对传统文言诗，追求个人真情和自由表达。代表人物有郭沫若、胡适、徐志摩等。抒情诗是近现代诗歌中的重要流派，以抒发诗人内心情感为主题。在这一时期，出现了许多以个人情感为基础的作品，如徐志摩的《再别康桥》和余光中的《乡愁》。20世纪初期，西方现代主义诗歌的影响开始在中国显现，现代主义诗歌注重形式和语言的革新，以及对传统观念的颠覆。代表人物有海子、北岛等。近现代诗歌中还出现了许多民族主题的作品，强调民族自豪感和文化传统。代表作品有艾青的《我爱这土地》和席慕蓉的《乡愁》。近现代诗歌在形式和内容上都经历了丰富多样的探索和创新。诗人们通过自由的表达方式和独特的语言风格，探索自我和社会的意义，表现出对生活、爱情、战争和文化的思考与感悟。他们的作品不仅是文学的艺术创作，也是对社会现象和人类命运的深刻思考。

小说是一种以故事为核心的文学形式，通过对人物、情节和环境的刻画来展现一个具体的世界。小说注重塑造丰满而立体的人物形象，通过情节的安排和发展，展示人物的成长、冲突和变化，同时也通过对社会、历史和人性的揭示来表达作者的思想和观点。小说的形式灵活多样，包括长篇小说、中篇小说和短篇小说等，给读者带来丰富的阅读体验和想象空间。其发展脉络可以追溯到古代，经历了不同时期和流派的变迁。古代小说以讲述故事和塑造人物形象为主要特点，涵盖了神话传说、历史故事和民间传说等多种题材。唐宋时期是中国古代小说的重要发展阶段，出现了许多重要的小说作品，其中包括

《霍小玉传》《莺莺传》《太平广记》等，这些作品在描写人物形象、塑造情节和展现社会风貌方面具有重要影响。明清时期是中国小说发展的黄金时期，涌现出许多优秀的小说作品。明代的小说以《金瓶梅》《西游记》等为代表，清代则有《红楼梦》《儿女英雄传》等。这些作品在文学创作和社会批判方面有着重要的地位。近代小说的发展在19世纪末到20世纪初达到巅峰。在这一时期，西方现代小说对中国小说产生了深远的影响。许多中国现代作家如鲁迅、茅盾、巴金等，以其对社会现象和人性的观察和揭示，开创了新的小说写作风格和文学思潮。当代小说呈现出多元化和多样化的特点。在文学创作中，小说家们尝试了不同的叙事技巧和形式实验。当代小说作品涉及各种题材和风格，包括现实主义、奇幻、历史、科幻等。同时，网络和数字媒体的发展也为小说的传播和阅读提供了新的平台和方式。

戏剧是一种通过舞台表演来呈现故事和人物的文学形式。它注重舞台表演和演员的表现力，通过对话、动作和舞台布景等来展现故事情节和人物形象。戏剧可以包括传统的戏曲、话剧、现代舞台剧等，每种形式都有其独特的表演方式和艺术特点。戏剧通过舞台的呈现，将故事和人物形象直观地展现给观众，给观众带来强烈的视觉和心理冲击。元曲是中国戏曲史上的一个重要阶段，它在音乐、舞蹈、表演和文学创作等方面都有独特的表现和艺术成就。元曲有许多著名的作品，如《窦娥冤》《西华山》《汉宫秋》等。元曲以其独特的艺术形式和精湛的创作技巧，对后世的文学和戏曲创作产生了深远的影响。元曲的影响不仅限于元朝时期，而是继续对后世的文化和艺术产生了重要的影响。话剧作为"五四运动"之后现代白话文的戏剧形式，它们通过对社会现象和人物命运的揭示，反映了社会的变革和个人的成长。这些作品不仅具有文学价值，也对中国戏剧艺术的发展产生了重要影响。如老舍的《茶馆》，是中国话剧史上的经典之作。该剧以茶馆为背景，通过对茶馆老板、工人、商人等各个社会阶层人物的描写，展现了中国晚清社会的变革和人们的生活困境。曹禺的《雷雨》是中国现代话剧的代表作之一。该剧以20世纪初的上海为背景，通过对一对兄妹周萍和四凤的情感纠葛和家庭矛盾的揭示，展现了封建礼教和家族道义的束缚对个人幸福的摧残。

总之，中华经典文学作品的表现形式多种多样，不同的作品通过其独特的表现形式，展现了丰富多样的情节、人物形象和思想感情，给读者带来了丰富的阅读体验和思考空间。

第二章

诵读艺术
发展论

第一节 诵读艺术的发展与变迁

诵读艺术是一门古老而又充满魅力的口语艺术形式，它通过口头表达的方式来传达文学作品的内涵和情感。有声语言是人类最基本的交流方式之一，而诵读正是通过声音来表达文字的意义和情感。

从文本看，诵读艺术一直以来都是与文学的发展形影相随的。中国的诵读历史可以追溯到上古神话，上古神话作为古代先民智慧的思想结晶，是人们在日常生产生活中通过口语传播的方式，或传颂英雄人物之事迹、或表达对尚未可知的自然现象和事物之敬畏、或勾勒现实世界未有之奇幻、或探索人与世界之本源等，诸如创世神话《淮南子·览冥训》中的《女娲补天》、英雄神话《后羿射日》、治水神话《大禹治水》等，题材可以说是十分丰富。人们通过口口相传，使神话内容得到了广泛的流传，神话的内容不同于一般日常生活用语情境，其口语形式也高于日常的说话，尽管人们在当时还没有诵、吟、咏等的具体意识，但实际上显然已经是大声地背诵亦即朗诵的初级形态了。

先秦时期，中国文学还处于文史哲不分、诗乐舞一体的时期。那时候还没有现在意义上的专门进行文学创作活动的人。但庙堂之上确实存在史官等专门记诵君主言行、记载国家重大事件及整理与收藏文献的人。另外，巫师也是当时进行类似文学叙事活动的人，《说文解字》关于"祠"的解释为："春祭曰祠，品物少、多文詞（词）也。"（《说文解字》，许慎，卷一，示部，00041"祠"）这里面所说的文辞是在祭祀时专用的一种文字形式，巫师也常采用诵、念等特殊方式来进行某种神秘的宗教仪式。发展到春秋时期，朝廷之中已经出现了专门负责口述故事、表演笑话等为君主提供精神娱乐的人。

而在民间，先秦时期北方地区就已经出现了在民间广为传诵的口头歌谣，后来被官方收集记录下来，其中的典型代表就是《诗》，相传有四家诗《韩诗》《鲁诗》《齐诗》《毛诗》，今天保存下来的《诗经》是战国末年时，鲁国毛亨和赵国毛苌所辑合注的古文《诗》。这些都是当时脍炙人口的民间歌谣的文字版本，实际在传播过程中，这种歌谣往往以响亮的咏诵、配乐演奏、舞蹈等方式进行，也就是说，当时的《诗》十分类似今天的歌词，在《墨子·公孟》中提及"诵诗三百，弦诗三百，歌诗三百，舞诗三百"，描述的正是《诗经》的表现形式。南方地区则以战国后期楚国作家群体为代表，楚辞句式灵活，篇幅、字句较长，形式较自由，其中屈原、宋玉的作者是楚辞的典型代表。从表达形式上看，楚辞体的形成明显区别于北方四言的《诗经》，文句多以"兮"字结尾，这是一种表达情感的语气词。与《诗经》不同，中原人将楚辞称为赋，正所谓"不歌而诵谓之赋"（《汉书·艺文志》），这种"不歌而诵"的"赋"就是要用一种特别的声调来诵读的，今天多数学者认为这种形式大概是一种"吟唱"的方式。

两汉时期，朗诵变成一种重要的文学艺术形式，被广泛应用于文人雅集、宴会、宗教仪式等场合。以下是有关两汉时期朗诵的概括：两汉时期的朗诵多以诗文为主，包括演唱和朗读两种形式。演唱是指将诗文配以乐器演奏，形成一种音乐与朗诵的结合；朗读则是指用声音清晰而有节奏地诵读诗文。《乐府诗集》是两汉时期流传下来的一部诗集，收录了大量的乐府诗，其中不少诗歌是为了配合音乐演唱而创作的。

在晋代，《晋书·儒林传·徐苗》一文有言："苗少家贫，昼执锄耒，夜则吟诵。"由此可见，吟诵已经成为当时文人读书诵文的主要方式。《隋书·薛道衡传》有言："江东雅好篇什，陈主尤爱雕虫，道衡每有所作，南人无不吟诵焉。"同样将吟诵的方式提炼出来。魏晋南北朝以前，中国古代文字多以单音孳生法为主，在南北朝之后逐渐以两个单音词根的复合法占优，这也带来吟诵节奏上的变化。

南朝梁钟嵘的《诗品》和晋代陆机的《文赋》等书籍，对于朗诵和诵读的技巧和表演要求进行了详细的说明。钟嵘对诗歌和人的感情的关系有深刻的认识，提出："气之动物，物之感人，故摇荡性情，形诸舞咏。"强调诵读中情感的表现。他认为，诗词的诵读应该能够准确地表达出诗人的情感，使听众能够感受到其中的情感力量。艺人在诵读时要注重情感的传递和情绪的表达，使诗词更具感染力，诵、歌、吟逐渐成为不同的诗词歌赋的口语表达方式。

唐宋时期是中国诵读艺术发展的重要时期，诵读在这一时期达到了高峰。唐宋时期，诗词作为一种重要的文学形式得到了广泛的发展和流传。这些诗词作品以其优美的语言和丰富的意境吸引了大量文人雅士们对其进行朗诵和诵读表演。朗诵和诵读成为文人雅士们表达情感和艺术修养的重要方式，也成为社会交流和文化传承的重要内容。

唐宋时期诗文诵读的语音逐渐规范化。这里不得不提《切韵》一书，就目前考古发现来看，《切韵》是古代汉语最早的一部音韵学理论著作，《切韵》是隋代陆法言所著的韵书，成书于隋文帝仁寿元年（601年）。全书共分5卷，收录了1.15万字，涵盖了193个韵类，其中平声54韵，上声51韵，去声56韵，入声32韵。初唐时期，《切韵》被确定为官方韵书，并经过多次增订。虽然原始版本已经失传，但其所反映的语音系统因《广韵》等增订本的存在而得以完整地传承下来。现存最完整的增订本有两个，一本是唐代王仁昫所刊印的《刊谬补缺切韵》，另一本是北宋陈彭年等人编纂的《大宋重修广韵》。

学术界普遍认同，《切韵》反映了当时汉语的语音系统，而这一语音系统的完整版本也被保存在后来的《广韵》和《集韵》等书中。因此，根据后两者恢复出来的语音系统被称为"切韵音"，代表着中古汉语的一种发音方式。然而，对于"切韵音"的理解，不同学者有不同的观点。有学者认为，它是当时某个地方（例如洛阳）的实际语音（学界主流一般认为，《切韵》代表了南北朝晚期金陵、洛下两地士族所使用的语音）。

唐宋时期诗文诵读的审美系统逐渐成形。宋代朱熹曾说，文言的诵读要"得他滋味"，文言的诵读应重在"赏"，重在"味"，重在"玩"，"须是沉潜讽咏，玩味义理，咀嚼滋味，方有所益"[1]，注重通过语音的处理来表达诗词的意境和情感，使诗词的美感更加突出，这种诵读应表情达意、追求象外之象的审美理想一直延续到了今天。

唐宋时期，许多文人雅士将诵读作为一种文化修养的表现，他们通过高超的诵读技巧和艺术风格成为当时的艺术名流。他们将诗词作为艺术的表达媒介，通过诵读的方式展示其才情和美学追求，对朗诵和诵读的表演艺术起到了重要的推动作用。

---

1 黎靖德：《朱子语类》，中华书局，2020，卷八十，诗一，第2238页。

总的来说，唐宋时期是中国诵读和朗诵艺术发展的黄金时期。在这一时期，朗诵和诵读逐渐形成了规范化的表演方式和技巧，并且得到了广泛的发展和传承。诵读艺术成为文人雅士表达情感和艺术修养的重要方式，也为后世的诵读艺术发展奠定了坚实的基础。

明清时期诵读艺术有了更多的表现形式，其中最有代表性的就是说书。说书人是一种以口述方式传播故事、历史和文化知识的民间艺人，随着商业贸易、市井生活的繁荣，这种专门以说书为谋生手段的职业从宋代就已经出现，到了明清时期逐渐发展壮大。他们以生动的讲述技巧和传统的说唱形式，吸引听众、传递信息和娱乐观众，是诵读艺术市场化的重要推动力量。

在明清时期，有许多不同类型的说书，一种是评话说书。评话说书是明清时期最受欢迎的说书形式之一。评话说书的艺人以口头表演方式讲述故事，辅以手势和面部表情，以吸引观众的注意力。他们通常讲述历史故事、英雄传奇和神话传说等。一种是评弹说书。说书人通常伴随着弹拨乐器（如琵琶、二胡等）的演奏，以音乐和说唱相结合的方式讲述故事。评弹说书的故事内容包括历史传说、戏曲剧情和民间故事等。还有一种是白话说书，与评话说书和评弹说书相比，白话说书更注重讲述故事的内容和情节，而不太依赖于表演技巧和音乐伴奏。白话说书通常是以普通话或方言为基础，用简洁明了的语言讲述故事，吸引听众的注意力。

这些说书人在明清时期扮演了重要的角色，他们的表演不仅娱乐了观众，也传播了知识和文化。他们的表演技巧对后世的戏曲、电影等艺术形式产生了深远的影响。

20世纪初至今诵读艺术的发展大致经历了四个时期：

一是低迷期。民国初年，在当时，国内废除了公立小学的读经科课程，随后又在同年五月废除了中学的读经科课程，并同时废除了各级师范学校的读经教育。虽然一些接受过旧式教育的教师仍在努力维护"诵（美）读"和"吟唱"的教学方式，但整体上来看，语文课堂中的"读"风开始衰落，而"讲"风逐渐兴盛起来。也正如周振甫在他发表的《技能的训练和理论的研讨》一文中所说：旧式的国文教学最为五四运动以来所诟病的，就是专重诵读。这种看轻诵读的风气，使一般中学国文教师耻于范读，学生也以诵读为可耻的事，于是学校里只讲不读。这也变相导致国内在这一时期有关经典诵读方面的理论研究和著作相对迟滞。

二是转折期。我国的诵读艺术在20世纪三四十年代出现了重要转变，同时也出现了一些著名的理论著述，例如陈延杰的《朗诵法之研究》（1924）、俞平伯的《诗的歌与诵》（1934）、黄仲苏的《朗诵法》（1936）和洪深的《戏的念词与诗的朗诵》（1946）。黄仲苏在《朗诵法》中将朗读腔调分为了"诵读""吟读""咏读"和"讲读"四类，并详细论述了它们在不同文体中的适用性。戏剧家洪深的《戏的念词与诗的朗诵》则分别探讨了四声、韵律、发音和节奏等方面，并对"念"和"诵"进行了比较和分析。这些理论著述对朗诵艺术的发展起到了推动作用。1942年，《战线》主编陈纪滢发表了《新诗朗诵运动在中国》一文，对新诗朗诵运动在中国的发展进行了深入的观察和分析，提出了独特的见解和观点，对于朗诵这一艺术形式的意义和前景进行了深入思考，这在当时是极具前瞻性的。以朱自清、叶圣陶、吕叔湘、张志公、黎锦熙、魏建功等为代表的一批文坛大家在这一时期也纷纷发表与诵读相关的著述、举办座谈会等，进一步扩大了诵读艺术在国内的影响。

朱自清在《论诵读》一文中，对诵读的意义和价值、技巧和方法等方面进行了深入的探讨，强调了诵读在语文教育中的作用，他认为诵读是一种表达情感、传递思想的方式，能够增强学生对文学作品的理解和感受。他提倡通过诵读来培养学生的语感和修养，使他们能够更好地欣赏和理解文学作品。朱自清还讨论了诵读的技巧和方法。他提到了诵读的节奏感和音调，强调了要注重语音的准确和自然，同时也要注意把握好节奏和情感的表达。他认为，诵读需要有感情的投入和内心的共鸣，才能真正把作品的意境和情感传递给听众。

1949年前后，文学创作进入了一个高峰期，涌现出大量优秀的文学作品，包括诗歌、散文、小说等。这些作品为朗诵艺术提供了丰富的素材和表现对象，由播音员在广播中进行表达创作，以激情澎湃的内容、高扬的声调讴歌一个崭新的时代，对人们起到了激励作用。与此同时，各种朗诵活动风起云涌，诗歌朗诵活动在各个行业、各个阶层都开展得如火如荼。新中国朗诵艺术在20世纪五六十年代经历了一个高潮，丰富的文学作品、杰出的艺术家、创新的舞台表演和教育推广的推动，让朗诵艺术在中国取得了显著的发展和进步。这一时期的朗诵艺术成就为后续的发展奠定了坚实的基础。

1957年，齐越和崔玉陵根据著名演员符·阿克肖诺夫在俄国的朗诵艺术经验，总结翻译了《朗诵艺术》一书传播到国内，对我国朗诵艺术理论的发展起到了积极的推动作用。

三是跨越期。1983年，张颂教授的《朗读学》成为朗读理论的奠基之作，厘清了朗读学的目的和意义、特点和任务、本源和作用，论述了朗读的规律、目的，讲解了具体感受、态度感情等朗读的内部技巧和停连、重音、语气、节奏等朗读的外部技巧，还讲解了不同题材作品的朗读。这是一部具有划时代意义的专著，使得朗读学逐渐从语言艺术的天地中独立成一个专门的学科体系，为国内一大批诵读艺术爱好者、专业学者和艺术家的诵读活动和学术研究提供了重要的理论指导。2002年，张颂教授又出版了《朗读美学》，强调有声语言和语言功力的重要性，分析了朗读的民族性特质、风格化特质、意境美特质和韵律美特质，讲解了朗读的语感、语气、节奏的美学意义以及诗歌、散文、小说、戏剧、新闻、评论、文言文的朗读美感，探讨了朗读美学的规律性拓展和创造性发展。

20世纪90年代起，我国有关诵读艺术的著作如雨后春笋般大量出现，杜伟东的《朗诵学》（1992）、李明学的《朗诵名家谈朗诵艺术技巧》（1992）、王恩保等编辑的《古诗文吟诵集粹》（1993）、茆家培主编的《中国古诗词吟诵曲选》（1995）、陈少松的《古诗词文吟诵研究》（1997）、徐培均主编的《唐诗吟诵》（2001）……一大批诵读艺术领域的研究学者在不同方面对诵读艺术进行了深入研究和探讨，为诵读艺术的发展和理论积累作出了重要贡献，为诵读艺术的实践提供了宝贵的参考和启发。

四是繁荣期。2018年，为落实中共中央办公厅、国务院办公厅印发的《关于实施中华优秀传统文化传承发展工程的意见》，教育部、国家语委印发了《中华经典诵读工程实施方案》。中华经典诵读已经成为覆盖全社会尤其是广大青少年、教师群体的一项领悟中华思想理念、传承中华传统美德、弘扬中华人文精神的语言艺术活动。通过近几年的广泛开展，至2023年，第五届中华经典诵写讲大赛的全国参赛作品数量已至上百万件，目前中华经典诵读工程已经逐渐发展成为提升社会大众，尤其是青少年国家通用语言文字规范意识和自觉传承弘扬中华优秀传统文化的意识、具备高度语言自信和文化自信的国家级品牌，在此推动下，全国各地每年举办的与中华经典诵读有关的各类比赛、展演活动已进入了空前的繁荣期。

第二节 诵读艺术的主要类型与特征

从表现形式来看，今天的诵读艺术其实是一个大概念，诵读应包括朗诵、朗读、吟咏、念白等不同的表达类型，它们同在诵读范畴内，并无本质的不同，只有方法上的差异。按照维特根斯坦提出的家庭相似理论，语言家族内一两个概念可以衍生出很多与之相似的概念，就诵读来说，"诵"和"读"的原始意义正如这个家族的两位始祖，而其他与之相似的概念只不过是其繁衍的子孙后代，凡是通过出声地念以获得对诗文意义的理解和文辞的习得的形式，都属于诵读的范畴。

一、朗诵

朗诵的通俗含义是指响亮大声地说。朗诵是一种艺术化的语言表达形式，一般存在于社会语境，尤其是指朗诵者在各类剧场、演播厅、会场等舞台上公开向观众展示的语言艺术。

朗诵的艺术特征如下。

第一，朗诵是一种当众展示的舞台语言艺术。与其他诵读方式不同，朗诵往往出现在公开场合，在朗诵者的面前或荧幕接收端是有观众存在的，因此朗诵强调舞台语言表达的艺术性和感染力。从呈现的元素来看，除了朗诵者自身之外，朗诵往往需要配合舞台各要素来共同实现，例如通过灯光、音响、布景、背景音视频等多种手段配合完成。

第二，朗诵需要对文本有一个完整充分的前期准备阶段。与朗读不同，朗诵是一种艺术创作活动，既然是创作，朗诵者要在前期先对作品深入理解，掌握基本内容，概括中心思想，读懂言外之意，分析字词句段篇的结构和修辞技巧，仔细揣摩作者的态度和文章的感情色彩，以准确把握基调。基调是朗诵材料的总的感情色彩和基本调子，同一篇文章中，其流露的感情总的来看是悲是喜，在理性方面或可以一致，然而在感情的感受方面，其体验深浅，因个体差异，每个人或有所不同，但没有预先深入细致的备稿是谈不上艺术创作的。

第三，朗诵需要朗诵者具备精妙的声音形式上的把握。一方面，朗诵的"朗"字是明亮清澈的意思，在展示阶段除了要咬准字音之外，还要掌握其发音及收音部位，以及主要元音的部位和响亮度等。另一方面，受整体稿件基调色彩的制约，受情节节奏发生、发展和演变的影响，朗诵者必须具备良好的声音弹性，使自己的声音变化能够与思想情感的变化相匹配，这种声音对于感情的适应能力是朗诵者需要不断提高的，尤其是对一些细节之处的处理更是朗诵者用声能力之所在。

第四，朗诵是传情的艺术。与其他表情艺术一样，朗诵同样力求以情感人，《毛诗序》有言："诗者，志之所之也，在心为志，发言为诗，情动于中而形于言，言之不足，故嗟叹之，嗟叹之不足，故咏歌之，咏歌之不足，不知手之舞之，足之蹈之也。"既然是表情艺术就要有朗诵者自己的创造，所以除了声音表达的技巧，对篇章感情的再创造也是创造的内容，但朗诵者不能抛开原文的感情和内容而随意创造，也不能化喜为悲，改愤怒为赞美。朗诵者必须以原文的主要感情色彩为基本调子并予以深化。

第五，朗诵是一种个性化的表达。朗诵时，对于同一篇作品，在声音节奏方面，不同的朗诵者有不同的演绎方法和表达方式，百花齐放是正常的，但不能偏移了文章的主题宗旨和基本感情色彩。例如，一位年轻女教师朗诵屈原的《离骚》时会更加柔美婉转，而一位中年男子朗诵《离骚》时则会更加豪放激昂；又如，同一篇文章有的人娓娓道来，有的人振聋发聩，表现风格因时、因人而异。对于朗诵者而言是各有其风格的，但话尽人心，与观众达成情感的共鸣往往是一致的归宿。

第六，朗诵者的身份定位需要根据文本来具体判断，不可一概而论。这里主要针对朗诵与戏剧表演衍生而来的演诵做比较。众所周知，作为世界三大表演理论体系（虽然这一说法已过时，但因笔者希望便于读者理解，故采用）的代表之一，俄国著名戏剧家、表演理论大师斯坦尼斯拉夫斯基在《演员的自我修养》一书中主张演员与角色合一，这是我国目前主流表演理论所借鉴的，也就是说演员在戏剧台词中的呈现是以"我就是角色"为身份定位来进行创作的，这也是当下很多戏剧表演艺术家在朗诵时所采用的基本方式。这种表现方式往往鲜活灵动、松弛自然，使人完全沉浸其中，但试想如果是《孟子·告子（下）》的朗诵者，究竟应该以什么身份进行朗诵呢？是扮演原作者孟子（如何考究呢？）还是完全不掺杂个人风格，以朗诵者自己的身份做原作者的代言人呢？

对于戏剧演员来说，戏剧中的台词属于一个特定的典型人物的语言，不应加入个人的习惯，演员的任务就是扮演角色，尽量做到惟妙惟肖。对于朗诵者而言，朗诵的语言绝大部分是以朗诵者自己的身份出现的，用自己的身份去感受表达，有时可以扮演原作者的身份和口吻，有时不用扮演原作者的身份和口吻。朗诵者必须深入作者的思想领域，把作品揭示的思想内容化为自己的思想感情，经过揣摩体会，既可以用第一人称也可以用第三人称演绎出来。为加强感染效果，甚至可以同时用第一人称及第三人称的思想感情，细腻动人地表现出来。因此，朗诵者的身份定位需要根据不同文本的不同人称情况来具体判断，不可一概而论。

从这一点看，演诵应是朗诵的形式之一，而要不要演，怎么演，什么情况下演，演到何种程度与分寸等都是具体的，不可抛开文本本身而空谈。中华经典涵盖了经史子集、历史散文、诗词歌赋、传记评论、杂文小说、戏剧戏曲等从古至今各类文体，如果单纯以表演的方式来展现一切经典，恐不是最优选择。具体问题在后续章节将做详细探讨。

二、朗读

朗读是指朗读者看着文字并以清晰响亮的声音将文字内容准确无误表达出来的有声语言行为，通常出现在私语环境、小范围的课堂、阅读或学习过程等。朗读更注重语音的正确和语态的自然流畅。

朗读有以下基本特征。

第一，朗读的准确性和自然性。朗读要求清晰准确地读出文字，包括正确的发音、适合的语调和语速，以保证文字的准确传达。朗读不仅要准确，还要自然，是一种力求口语化的表达样式。朗读时要注意语音的自然流畅，避免过分夸张或生硬，自然而真实是朗读的基本表征。

第二，朗读是有直接稿件为依据的。朗读是一种自然松弛状态下的有声表达方式，往往出现在日常生活、学习或读书分享会等过程中。朗读者的面前可以是有受众的，也可以是没有受众的，这种环境与舞台呈现不同，不需要脱稿，或者说脱稿了便不是读了。在准备阶段，既可以是朗读者之前阅读过、欣赏过的文稿，也可以是完全没有看过第一次拿起来便读的文稿，但无论有没有读过都是有直接文稿在手作为朗读的依据。

第三，朗读的用声往往是在人的日常自然音域下进行。朗读者的用声只需匹配所处的时空关系即可，多数情况下是没有场外观众的，所以用声往往在自然音域内一个八度左右即可。朗读时要根据作品的要求和情感的需求，灵活地调节声音，以达到当前语境下最佳的表达效果，虽然也是声情并茂、情声和谐，但声音应在自然音域下实现合理变化，不冒不喊不突兀。

第四，品真情，达实意。朗读的目的和归宿往往是品味文本本身蕴含的含义和意味，通过朗读，朗读者可明晰作者意图，理解文本含义，这是一个探索的过程，是一次间接获得经验储备的过程；与此同时，朗读者又可洞察文本中所蕴含的情感脉络的起伏变化，品味其中情感之真挚。这又是一个审美接受的过程，朗读者如徜徉其中，甚至读罢余音绕梁，回味无穷，到达审美接受的高级阶段。

第五，朗读者的身份定位就是现实中的自己。与朗诵等舞台语言艺术不同，朗读者无论面前有没有受众，都是以自身真实的自我来面对眼前的文稿的，改变的是其不断提升的审美能力和接受新事物新思想的效率，不变的依然是朗读者自己，无论文稿中是第几人称，朗读者都是以其本人的身份来面对文本内容的。

第六，朗读是语文教学的常见手段，也是提升全民族文化水平和审美能力的必要途径。朗读是朗诵的基础，优美而生动的朗读，可以说是朗诵的入门阶段，朗读多用于学习上，要求读音正确，句读分明，语调流畅，态度自然。如《出师表》"臣本布衣，躬耕于南阳，苟全性命于乱世，不求闻达于诸侯……受命以来，夙夜忧叹，恐托付不效。"通过传神的语调、鲜明的节奏、饱满的情感、细腻的表情、优美而自然的动作等，达到震慑人心的境界。教师通过朗读，可以训练学生聆听、理解、听说或听写等能力，通过语调及声音的运用，使学生掌握篇章的言外之意，将书面语转变成富有生命力的口语。

三、吟咏

吟咏是一种传统的汉语诗词有声创作形式，具有深厚的历史文化底蕴。吟咏十分注重语言表达的音韵和节奏，力求语言的精练、生动和优美，将诗歌的内涵和诗人的情感通过声音传递出来，这是一种结合了语言表达、音乐和表演艺术的高度综合性的艺术形式。

吟咏有以下基本特征。

第一，语调和节奏对于吟咏十分重要，几乎可以鲜明地从生理上直接感染受众。语调常常与诗歌的情感色彩相匹配，例如激昂的诗句语调高昂明快，如万马奔腾；忧郁的诗句语调深沉内敛，如低眉浅唱。节奏则往往与诗歌的音韵、格律相对应，以保持诗歌的整体和谐流畅，基调鲜明。例如李白《蜀道难》和李清照《声声慢》是截然不同的吟咏类型，基本语气、基本节奏、基本语势不同，一个抑扬奔放，一个忧郁低沉，吟咏起来差别鲜明。

第二，声音的开合度大。吟咏过程中，声音的高低、疾徐、强弱、长短的变化是丰富而宽阔的，通过声音的这种大开大合，能够更好地展现出诗歌的情感变化和艺术形象。例如

《琵琶行》的吟咏过程，从开头的"醉不成欢惨将别，别时茫茫江浸月""转轴拨弦三两声，未成曲调先有情"到"银瓶乍破水浆迸，铁骑突出刀枪鸣"再到"东船西舫悄无言，唯见江心秋月白"，从闻声、见人、曲始、行曲、终曲，整个过程是完整的、渐进的、惊艳的、共情的，前期的低吟到后期的高点，声音高低可能在一个八度左右，声音的明暗、快慢、强弱对比度、开合度是非常大的，因为这一切表现的都是作者情感的渐进变化直到曲毕。

第三，吟咏的情感表达——喜怒哀乐溢于言表。言为心声，有感而发，这是一切语言艺术不变的规律，声音是情感表达的重要载体，对于吟咏这种古老的语言艺术形式来说，亦是如此。而且与朗读相比，吟咏的这种情感的生动性和代入感更为直接，咏在口中，化在心里。

第四，吟咏是十分个性化的表达，可以随时随心随境，但并非没有规律可循。说个性化是因每个创作者的成长经历、文化结构、生活体验、艺术追求、审美理想等的不同，是因时移世易心境异；说它并非无规律可循是因为无论创作者以何种方式、何种浓淡程度来进行吟咏，都应是在真挚情感的推动下而呈现出的声音形式上的变化，盲目地、只追求声音形式上的夸张和与众不同是没有艺术生命力的，也谈不上创作。

四、念白

念白就中国传统戏曲而言，是指人物内心独白或两者对话，使用明显的节奏变化，并拖长字音的语调。此种语言样态介于口白与唱腔的表演方式之间，很难区分。一般来说，都以梆子、西皮、二黄等唱调为基础，但是都采用比口语夸张些的拉长尾音说话方式，主要表现人物的内心独白和对话。戏曲念白又称宾白，对于宾白有两种解释："两人相说为宾，一人自说为白"（《抱璞简记》，姜南，明代），王国维也沿用此说；另一种解释是"唱为主，白为宾，故曰宾。白，言其明白易晓也"（《南词叙录》，徐渭，明代）。而就戏剧台词而言，念白往往出现于旁白或者人物独白，旁白主要起到介绍环境、人物心境、事件梗概等推进剧情的作用；独白往往是演员以第一人称进行无对手戏情形下的单人言说，在影视剧中旁白占比很低，不是必须存在的环节，在广播剧中因为没有画面的缘故，旁白占比很高。

念白的主要特征如下。

首先，演员直接念白是戏曲艺术中常见的表演形式。这种念白的语言特点介于唱和说之间，具有独特的节奏和章法。语势的起伏呈现出规律性。在戏曲艺术中，特别是在元杂剧中，剧本结构通常采用"四折一楔子"的形式。这个"楔子"一词来自木工将楔子插入榫头，使其更紧密牢固的意象。元杂剧的楔子主要起到串联衔接剧情开端、发展、高潮和结局四个部分的作用，也被称为"过场戏"。楔子常以宾白的方式表现，在明刊本的元杂剧中被标记为"楔子"。在元杂剧中，人物上场时通常会念上场诗。这种念白具体分为韵白和口白两种形式。韵白具有较强的音乐性，字音拖长，明显地体现了旋律和节奏的变化。有时一句中的前半部分为白，后半部分变为唱（如引子）。口白则更接近于各剧种所属地区的日常生活语言，但在表现上更夸张，例如在京剧中被称为京白，苏南地区方言的念白即称为苏白等，都具有鲜明的程式和地方语言色彩。

其次，念白中的旁白常见于广播剧和朗诵中的第三人称，有如下特点：一是态度偏向于客观，通常以客观角度来描述和解释剧情，不涉及角色的情感和主观意识。它提供观众需要的信息，帮助观众理解剧情的发展和故事背景。二是清晰简洁，旁白语言通常简洁明了，避免过多修饰和复杂的词汇。它需要在有限的时间内传递信息，因此语言表达要精确、简洁。三是铺垫过渡，旁白在广播剧中经常用于铺垫和过渡，将不同场景、时间和情节进行连接。它可以用简短的叙述或描述来引导观众进入下一个情节。四是解释和补充信息，旁白在广播剧中能够帮助观众更好地理解剧情和角色的内心世界，它可以提供背景知识、情感描写和角色思想等方面的信息。五是节奏和语调变化丰富，旁白的语言节奏和语调可以根据剧情的需要进行变化，它可以随着情节的紧张度和戏剧效果的要求，采用不同的语调和节奏，以引起观众的注意和产生情感共鸣。

最后，无论是戏曲念白还是其他戏剧念白，都具有阐释剧情和揭示角色情感的功能，注重信息传递和角色塑造，对推进故事情节的起承转合具有重要作用，只是旁白是第三人称下的语言样态，独白是第一人称下的语言样态。

以上是笔者对四种常见的诵读类型的总结，但创作者在实践中的表现方式和把握程度是更加细腻的、多样的，甚至同一篇文章，不同的诵读者有不同的演绎方法。稿件的表达方法可以百花齐放，这是艺术的特征使然，可诵读者却不能抛开文章的情感和文章本身而随意编排，也不能化喜为悲，改愤怒为赞美。另外诵读者必须以文章的主要感情为基本调子并予以深化，没有人会拒绝动听的声音背后那深邃的思想和真挚热烈的情感。

第三章

中华经典诵读艺术创作论

第一节　中华经典诵读的文本选择

一、契合诵读者自身特点

何为经典，本书第一章已有论述，这里主要谈谈中华经典诵读的文本选择为什么要契合诵读者自身条件。

首先是理解力与审美偏好。中华经典诵读的文本是浩如烟海的，并不是所有经典文章都适合每一位诵读者。因此对诵读者而言，面对数量广博的诵读材料要做的第一件事就是明白哪一类、哪一些稿件是自己能够深入理解其主旨内容、符合自己审美欣赏偏好的，因为这一类文学作品往往是诵读者自己平时接触较多、在自己的理解范围以内（这与"书读百遍其义自见"实不矛盾）、体会较深更容易激发自己创作表达欲望的。这里笔者想要说明的是，经典诵读是对经典文学作品进行二度创作的一种艺术形式，它不仅是简单的见字出声，还包括诵读者对原作的理解和创造性的呈现。如果是一个从来不喜欢看电影的人，即使影片再好他也毫无观看的欲望，更谈不上对影片的理解和欣赏了。这种创造性表达的前提一定是创作者自己能够驾驭，并深刻理解原文内容以及原文作者的思想感情发展脉络的。这时，诵读者既汲取了原作者的思想情感，又经过自己的加工处理赋予了作品新的涵义，这一切都是以诵读者认同并欣赏原作者的文学作品为前提的。同时，诵读者也可以根据自己对原作的理解和感受，进行一定程度的改编和演绎，以展示自己对作品的独特见解和创造性的解读。如果诵读者自己对经典文学作品缺乏理解、欣赏的主动性，即使诵读出来，也很难达到感人至深的效果。

其次是个人风格。一个成熟的诵读艺术创作者，很容易在不断的创作实践过程中形成自己鲜明的表达风格，或雄浑豪放，或娓娓道来，或庄重肃穆，或清新自然，或戏剧效果浓郁，对诵读文本的选择就自然易倾向于与自身表达风格相近似的经典文学文本。例如我国著名的表演艺术家焦晃，他的许多朗诵作品或独白作品都体现出自然流畅、朴素深刻、娓娓道来、发人深省的语言特点，在一次节目中他念过王蒙的作品《行板如歌》中的一段散文，朴实畅快、清新明丽、起伏不大，如涓涓细流沁润人心，听起来像是在说自己的话一样，让人回味无穷。而王蒙的《行板如歌》本身也是音乐欣赏性的散文，王蒙以听众视角在柴可夫斯基的音乐中品出了珍惜，品出了善良，品出了生活的滋味和青春的感觉与记忆。全文如行云流水，婉转自然，真实朴素，可以说焦晃的表达风格与王蒙的写作风格在这篇文章当中达到了一种呼应和契合。可见，我们在选择经典诵读文本时，顾及自身风格是很有必要的，这也是提升自身诵读能力的重要方法之一。

二、诵读文本选择的渐进性

中华经典诵读的渐进性意味着诵读者选择文本时要根据自己的能力和经验进行合理的选择，从简单到复杂，从易于理解到深入思考，逐渐提升自己的诵读水平和艺术表达能力。

首先，对于初学者来说，选择一些简单的经典文学作品是非常适合的。这些作品的语言简洁明了、情节通俗易懂，适合初学者熟悉诵读的基本技巧和表达方式。比如，可以选择一些儿童文学作品、民间故事等，通过朗诵这些作品，初学者可以逐渐熟悉节奏感、语调变化等基本技巧，打下良好的诵读基础。例如对于中学生而言，除了诵读语文课文之外，完全可以加入神话故事、寓言等方面的稿件；对于大学生而言，则可以从具有普适性的生活、情感类文章来入手。

随着诵读水平的提升，诵读者可以逐渐选择一些更具挑战性的经典文学作品。这些作品可能涉及深刻的思想、复杂的情感和抽象的概念，需要诵读者有更深入的理解和解读能力。比如，可以选择一些古代诗词、哲学文论等，通过朗诵这些作品，诵读者可以逐渐提升自己的思考能力和表达能力，将作品中的内涵和情感传递给听众。这一阶段的难点主要是对文学作品的创作背景的了解，例如辛弃疾的《永遇乐·京口北固亭怀古》，词的上阕赞扬了在京口建立霸业的孙权和率军北伐气吞胡虏的刘裕，表示要像他们一样金戈铁马为国立功，下阕借讽刺刘义隆来表明自己坚决主张抗金但反对冒进误国的立场和态度。诵读者既要了解辛弃疾是在什么背景下、为何而作的这首词，又要对词中数量较多的用典知悉其出处和用意。

这里有一个值得注意的问题，并不是文章字少、文短、情感起伏小就意味着诵读相对简单，就像书法一样，越是简单的字越难写好，字数少结构简单、情感起伏相对小反而对诵读者表达能力提出了更高的要求，不然就容易平、暗。我们这里说的相对简单是指内容、思想深度、审美层次是诵读者理解力、欣赏力、表达能力相对容易驾驭的文本，这是因人而异的。

另外，诵读文本选择的渐进性是具有双重涵义的，并不意味着一味追求难度和复杂性。其中既有人文素养、知识底蕴的渐进，又有艺术创作能力的渐进，且二者是相辅相成的。选择文本时要根据自己的兴趣和能力进行合理的选择，避免因过于困难而导致朗诵质量下降，诵读者应根据自己的实际情况，不断挑战自己，逐步提升自己的诵读水平和艺术表达能力。经典诵读是一个不断学习和提升的过程，选择具有双重渐进性的文本，诵读者可以更好地展现自己的诵读技巧和个人风格，同时也可以更好地传递作品的内涵和情感，给听众带来艺术的享受和感动。

三、诵读文本选择的目的性

中华经典诵读的实践目的有所不同，诵读者所选择的诵读方式和面临的语境就有所差异。

（一）文化意义

中华经典文学作品具有深厚的文化意义和历史背景。选择具有代表性和影响力的经典作品，可以帮助诵读者思辨人生意义、价值观，也可以帮助诵读者更好地了解中国文化和传统价值观，诵读《论语》可以帮助人们反思今天的行为准则和道德规范，探讨中国人的思维方式、价值观念和行为习惯，获得哲学、教育、伦理等多方面的启迪；诵读《诗经》可以帮助人们了解古人的生活场景、劳动状况、爱情婚姻、亲情友情，对今天人与人、人与自然、人与社会的关系有着深远的影响。

（二）教育目的

中华经典诵读是当代大语文教学的重要手段，是教师帮助学生更好地体会经典文学作品意义和价值的良好途径，教师通过诵读时对语气和节奏的运用，使学生掌握篇章的言外之意，能够辅助讲解课文，用声音带出感情，以表现文字无法透彻表达的语气态度，帮助学生正确掌握文章的思想感情，将书面语变成有生命力的活的语言。如教学目标是句意的理解，除了要求句中的停顿恰当，还要求学生能用声音把句中的重要字词强调出来；如教学目标是篇章的层次结构，则应让学生用不同的感情语调把篇章的层次及其关系表现出来。

（三）语言表达

经典文学作品往往包含丰富多样的语言表达方式，如诗歌、散文、戏剧等。选择具有独特的语言韵律和美感的作品，不同的体裁对应着不同的诵读形式，例如李白的诗歌《将进酒》可以朗诵为主，朱自清的散文《背影》可以朗读为主，老舍的戏剧《茶馆》可以演说念白为主……这些不同体裁、不同题材的经典作品可以帮助诵读者逐渐提高语感和表达能力，如果能够准确掌握不同的诵读形式，将成就另一番天地。

（四）艺术比赛与展演

如果说私语环境下的诵读是完全凭借自己的喜好来进行诵读的话，那与中华经典诵读相关的专业比赛或者展演就是与之相对的，有舞台和观众的另一种诵读环境了。当我们在比赛或展演的舞台上进行诵读时，就要考虑到更多因素，例如"我"今天为什么要将这样一篇文章（而非其他文章）在这个舞台当众诵读呢？如何能够让这次的诵读有着更好的舞台效果和艺术感染力呢？"我"为什么要参加这个比赛或者这次展演呢？在这样一个时空环境下"我"应该如何用声、如何把握语气的火候与分寸呢？这些都是诵读者面对比赛和展演的舞台时应该思考的问题。

（五）审美能力的提升

每一次的经典诵读活动，无论是自己一人还是课堂上或是舞台表演，毫无疑问，都是诵读者的一次思想情感碰撞和对诵读者的一次语言表达锤炼，而在无数次潜移默化的诵读活动中，诵读者的审美能力也将实现由量的积累到质的飞跃。审美能力主要包括审美感知、审美理解、审美鉴赏、审美创造四个方面的能力。审美感知能力是指对美的敏感度和感受能力，主要是通过感知觉器官，对艺术品或自然景观的形态、色彩、声音等进行感知，体验其所带来的美感。审美理解能力是指对美的内涵和表达方式的理解和解读能力，获得其中所蕴含的情感、思想、意义等。审美鉴赏能力是指对美的价值进行欣赏和批评的能力，通过对艺术作品的接受、品味、判断和评价，辨别其优劣、价值和意义。审美创造能力是指通过自己的艺术创作和艺术表达，将自己的审美观念和审美理想赋予具体的艺术作品的能力。

可以说，对于中国的广大诵读群体尤其是青少年来讲，审美能力的提升是当前审美教育的重要归宿，也是在党的二十大报告倡导全民阅读的背景下，我们推广中华经典诵读活动的落脚点之一！

第二节　理解的空间

一、理解与感受

理解文学作品是每一位经典诵读实践者在准备阶段要迈出的第一步，也是至关重要的一步，这直接影响后续的创作设计和语言表达。所谓理解，《现代汉语词典》解释为"懂，了解"[1]。从语言学的角度，"理解"是指听到或看到语言信息后，能够正确理解其意义的能力。这种能力需要基于语言知识和语境理解。从心理学角度，"理解"是人类接收、处理、组织和存储信息的能力。心理学家认为，理解分为直接理解和间接理解两种。直接理解是指对信息的直接接收和理解，如阅读一篇文章时，能够理解文章的主题、思想和情感。间接理解则是指在理解时需要进行推断、归纳、类比等思维活动，例如阅读一个比喻句子"他是一只狮子"，需要通过联想和推断才能理解其意义。而在艺术欣赏中，读者对艺术作者的理解往往受两个主要方面的影响：

一是创造性。一方面艺术作品的意义和价值并非固定不变的，从历时角度来看，随着时间的流逝、文明的演进，经典作品的意义往往是伴随着社会的发展以及与后来不断出现的其他作品的对比而逐渐被后人作出不同的解读，这意味着后来的读者也总是站在前人理解的基础上展开新的理解，伽达默尔在《真理与方法》阐释学理论中也强调了理解的重要性，书中认为，一方面，理解是一个无止境的过程，也是一个无限创造的、增殖的过程；另一方面，从共时角度来看，同一个历史时期内的接受者对同一部文学作品的理解也是不同的，所谓一千个读者有一千个哈姆雷特，不同的读者因为个人的背景、经验、情感等因素而对同一件艺术作品产生不同的理解和感受，甚至十年前与十年后相比，诵读者面对同一部经典作品，他的理解也会产生变化，这都表现出了读者对于文学作品接受过程的创造性。

---

[1] 中国社会科学院语言研究所词典编辑室：《现代汉语词典（第7版）》，商务印书馆，2019，第799页。

　　二是前置性。接上文，每个经典诵读的创作者在面对他将要诵读的文学作品时，首先是一个读者，而每个人在生活经历、文化素养、审美理想等多方面存在不同，因此在理解文学作品的文本之前，就已经带有自身鲜明的烙印，这便是理解的前置性。一般说来，一个读者与这一文本有关的阅历越丰富、文化水平越高、审美能力越强，他理解文本的前置性准备就越充分，对于文本的审美期待也越高，当进入真正的阅读过程时往往更能够直接地体会到原作者的写作目的、情感变化、文章内涵。因此，从这个角度来说，我们应该不断地提升自己的前置性理解水平，这类似于北京广播学院（现中国传媒大学）张颂教授谈到的广义备稿。

　　当一位诵读活动的创作主体在进入到理解文本的过程中时，另一项心理活动——感受便同步产生了。感受具体来说，又分为形象感受和逻辑感受两大类。"大漠孤烟直，长河落日圆"是唐代诗人王维的佳句，其中的"直"和"圆"二字带给人的便是形象感受，叶圣陶先生对此曾点评道："给'孤烟'加上个'直'字，可见没有一丝风，当然也没有风声，于是带来了寂静的印象。给'落日'加上个'圆'字，并不是说唯有'落日'才圆，而是说'落日'挂在地平线上才见得'圆'，周围的一轮'落日'不声不响地衬托在长河背后，这又是多么寂静的境界啊。一个'直'，一个'圆'，在图画方面说来都是简单的线条，和那旷远荒凉的大漠、长河、孤烟、落日正相配合，构成通体的一致……假如死盯着文字而不能从文字看出一幅画来，就感受不到这种愉快了。"[1]叶圣陶先生的这段话，当是经典诵读时运用形象思维体味经典文本内涵的范例。另外，

1 叶圣陶：《文艺作品的鉴赏》，载教育科学出版社主编《叶圣陶语文教育论集》第五辑，教育科学出版社，2015，第236页。

文本的结构、上下文关系、上下句关系、在行文过程中产生的推论、演绎等，都属逻辑感受的范畴，例如上下句的逻辑关系是并列的、递进的、转折的，上下文关系是因果的、总分的等，这都需要纵观全文才能获得。尤其是在古诗词中，这种逻辑关系有时是很难察觉的，一来是因为本身格律诗字数较少，表意含蓄，能体现逻辑关系的痕迹不多，二来是因为诗词本身在创作上就具有思维的跳跃性，这需要结合诗人的创作风格、写作背景等多方面因素来进行体察。但无论如何，无论是感性意象还是理性逻辑，都是诵读者应当从文本当中感受到的，这种感受能力的域限越精密，诵读者在后期的诵读过程中就越容易调动自己的情感，使语气更细腻、更准确，越容易让人品听出文本背后的沧海桑田。

现在有很多诵读爱好者在学习实践诵读艺术的过程中，经常会去揣摩文本中的某句话应该怎么说，声音应该如何变化，或者干脆直接问别人这句话应该如何表达，然后开始模仿以求形似，这样做可能会有三个后果，一是自己即便是声音语调模仿得比较像了但依然听上去不是那么个"味儿"，二是再遇到新的文本又不知该如何表达了，三是长此以往形成了某种相对固定的声音形式来处理不同的文本内容。不知如何表达的原因其实很简单，一是生活经验或者说与文本相关的生活阅历较为缺乏，如果是没法亲身经历的文本内容就更难找到合适的心理依据。二是日常口语的质量不高，受到方言的影响或者是自己日常语言习惯有相对固定的语势和格式，都容易在表达的过程中形成语言感觉上的羁绊。三是缺乏相应的感受力，对于作者的思想情感体会不够深刻，在塑造的艺术形象和文段内部逻辑关系的感受上有所欠缺。当然有的诵读者可能是具备这些感受和想象的，但是缺乏创造性的想象能力，因为想象是艺术接受的重要手段，诵读者想要获得丰富而准确感受的前提就是必须要有创造性的想象能力，而不仅仅是停留在作者所写的文字上，那文字背后的空间是留给读者宝贵的精神财富！

二、承继与超越

当我们在尝试理解一篇诵读文本时，总会自觉或不自觉地面临一个问题，就是我们应该以自己对作品的理解为主导，还是应该尽量还原作者的思想情感、写作目的呢？

诵读者的理解过程首先是作为一名读者来进行的，因此，如果我们从艺术接受的角度不难得出结论，对艺术作品的还原是指读者通过对作品进行解读和理解，尽可能地还原出作者写作时的意图和情感内涵。还原要求读者从作者的角度去理解作品，通过对作品的细致观察和分析，揭示出作品所要表达的思想、情感和主题，还要求读者具备一定的文学素养和审美经验，能够与作品进行对话，理解其中的奥妙所在。

然而，由于每个观众的背景、经验和审美观点都不同，还原并不是一件容易的事情。观众可能会因为自身的偏见、文化差异、认知局限等原因，无法完全还原出作者的意图。这就导致了误解的出现。误解是指读者在理解作品时产生的错误或不准确的理解。误解可能是因为观众与艺术作品相关的背景知识不足，对语言的理解有误，或者是基于个人的主观观点和情感进行的解读。误解可能会导致观众对作品的意义产生偏差或片面的理解，与作者的创作意图相悖。

以晚唐李商隐的名作《无题》为例，如果我们从艺术批评的角度来看，要从科学性、艺术性、批评性的角度来严格审视。1928年，苏雪林的《李义山恋爱事迹考》考证了李商隐的生平恋爱经历，并给出了其所有的无题诗都是对其自身恋爱经历的表达的结论；张振珮的《李义山评传》批评苏雪林的观点并无凭据。近现代围绕李商隐诗歌的系统性研究考证主要是围绕其无题诗歌到底有无具体的寄托对象，目前来看，主要有"爱情诗"和"寄托诗"两种观点，当然，这两种观点也有共通之处，例如吴调公虽然是主张爱情诗的观点，但他也特别强调："李商隐爱情诗有没有寄托？有些诗确是有所托的。"[1]

那么问题来了，当我们诵读这首诗的时候又该如何面对这种多义性主题的经典作品呢？主要有两个途径可以去挖掘：一方面，以科学严谨的角度去挖掘原著作品的主题、创作意图本身是值得肯定的，因为经典诵读是二度创作，二度创作要以原作为创作基点，甚至完全将自己幻化为李商隐本人，在恰当的艺术形式内这都是可行的，因此我们诵读李商隐的无题诗时可以从这个角度去进行把握，这是为承继。另一方面，在以科学批评的角度深入理解原作主旨的基础上加入诵读者自身的体会和感悟也是语言艺术的应有之义，这是为超越。艺术接受理论强调观众的主体性和主观性，认为观众与艺术作品之间存在着一种互动关系。观众的个人经验和情感会影响其对艺术作品的理解和感受，同时作品本身也会引发观众的情感共鸣和思考。也就是说，当我们面对原作者的作品时，在严格探寻了原作的主题和目的之后，加入诵读者自身的思考和体验是自然的事情，批评性的欣赏的前提也是一般性的欣赏，艺术批评家的前提是他也是一名"合格"的读者，试问诵读者又如何能拒绝经典文学作品带给读者的那纵横驰骋、动人心弦的审美空间呢？

严格地说，承继也好，超越也罢，两者之间是没有明确清

---

1 吴调公：《李商隐研究》，上海古籍出版社，1982，第98页。

晰的界限的，中间还有无数种形态和程度，对原著创作主旨完全承继的表达和在原著基础上加入自己的感悟和体验所实现的超越的表达，都是我们对两种边际的拟定。因为即便是完全承继，诵读者也终归不可能是作者本人，有的是生动传神的塑造；即便是在原作基础上的超越也终归离不开原作的灵魂，有的是极富个性的言说。

三、再说超越

德国著名哲学家海德格尔在《存在与时间》中曾谈到："存在地地道道是transcedens〔超越〕。"海德格尔哲学思想的起点就是因为传统的形而上学将存在当成了存在者，所以他才要追问什么是存在。艺术不是平庸，诵读活动中的诵读者应该是在承继了原作者的思想情感后，结合自己今生今世的生活体验，在诵读艺术实践中实现对本我的超越，实现对原作者在当时当世的认识与评价的超越！在这个过程中，诵读者也不再是那个本我，而是将一切审美理想与对真理的追寻融汇于这一次诵读创作中的那个超我，这一次的诵读艺术实践活动可于高山森林之内，可于江河湖海之畔，亦可于灯火通明的舞台之上去实现艺术价值，让更多的人与物参与进来，这是一次审美的旅程！

书就在那里，读了才会有感悟，不读，书静静地躺在那里发挥不了它的能量；经典就在那里，为后世所传诵，才有可能成为后人口中的经典，不然可以暂说是文物。德国哲学家海德格尔说："美是作为无蔽的真理的一种本质现身方式。"意思是通过艺术作品存在者之存在自行显现出来，这就是艺术的发生，也是美的发生。在《艺术作品的本源》中海德格尔有这样一个著名论断："艺术就是真理自行设置入作品中"，"艺术是真理的生成和发生"。[1]或者说，诵读者的每一次经典诵读活动都是对美的去蔽，是携手一切观众对真理的一次揭示，是对他自己的"纵向的超越"，也是与他人发生审美联系的"横向的超越"。

在《论真理的本质》[2]中，海氏认为"真理的本质揭示自身为自由"，而自由就是让存在"Seinlassen（使……进入）"，即让存在者成为它自身所是的存在者。开启存在者的存在，正是艺术作品的功能，因此艺术作品就是存在之真的发生领域，艺术就是存在之真的发生事件。

为什么经典诵读艺术是艺术创作呢？因为从诵读者的角度看，无论再怎么还原作者的声音、思维、目的、意图，都只能无限接近作者，而无法成为作者，尽管诵读者可以以"我就是"的身份感去塑造，但依然不是作者，这是扮演的"扮"的归宿；从接受者的角度看，无论诵读者是否化妆造型，着古装穿铠甲，观众都不会认为诵读者就是他"演"的那个人，即便形象再像，也只能是像。所以对于诵读者而言，可以选择演诵，也可以选择朗诵（狭义上与演诵相对）。但无论哪一种都是一次艺术创作的过程，都有属于诵读者自己的认识与判断、审美追求与理想，只有程度的不同、形态的不同，真正打动人心的是"传神"，这个"传神"，便是超越！

1　马丁·海德格尔：《林中路》，孙周兴译，上海译文出版社，2014，第20页。

2　马丁·海德格尔：《论真理的本质》，赵卫国译，华夏出版社，2008，第140页。

第三节　创作的空间

一、"我"是谁？

在诵读艺术发展论中，我们探讨了朗读、朗诵、吟咏、念白等几种诵读艺术主要的语言表达形式，在朗诵一节中还探究了朗诵与演诵的关系。其中，已就诵读者身份定位问题进行了分析，指出了演诵的创作主体完全以"我就是"的身份来进行表现，是隶属于朗诵的范畴的，朗诵与演诵是包含与被包含的关系，这里不再赘述。现在我们要探讨的是，在面对浩如烟海的经典诵读文本时，作为诵读者应该采用哪一种诵读艺术的语言表达形式，诵读者的叙事身份到底受什么因素制约呢？

（一）诵读者的元叙事（就是"我"）

以东晋陶渊明《桃花源记》为例："晋太元中，武陵人捕鱼为业。缘溪行，忘路之远近。忽逢桃花林，夹岸数百步，中无杂树，芳草鲜美，落英缤纷。渔人甚异之，复前行，欲穷其林。"全篇没有一个字直接表明是谁在讲述这段话，但当诵读者面对受众进行诵读的时候，受众却是以"讲述者"的身份来看待诵读者的，这时的"讲述者"其实是假第一人称。我们把这种"假第一人称"的叙事机制称之为元叙事身份，也就是叙事的叙事。

这里，元叙事机制大概有两种程度，一种是鲜明地体现主观态度的，例如先秦荀子《劝学》"故不登高山，不知天之高也；不临深溪，不知地之厚也；不闻先王之遗言，不知学问之大也"，《战国策·齐策一》中《邹忌讽齐王纳谏》、司马迁《史记·项羽本纪》"太史公曰：吾闻之周生曰'舜目盖重瞳子'，又闻项羽亦重瞳子。羽岂其苗裔邪？何兴之暴也！"等，这里的叙事者都明确指出自身态度，对于诵读者来说，可称之为显性的叙事者。另一种则是力图隐藏自己主观态度，例如唐代柳宗元《小石潭记》"潭中鱼可百许头，皆若空游无所依。日光下澈，影布石上。佁然不动，俶尔远逝，往来翕忽，似与游者相乐"，北魏郦道元《水经注·河水·孟门山》"其中水流交冲，素气云浮，往来遥观者，常若雾露沾人，窥深悸魄。其水尚崩浪万寻，悬流千丈，浑洪赑怒，鼓若山腾，浚波颓叠，迄于下口"，诗文除了没有明确表明人称之外还都尽量隐去自己的主观态度和看法，这种对于诵读者来说可称之为隐性的叙事者。

因此，当面对这种没有明确表明身份的文本时，诵读者往往都是以"假第一人称"的身份来进行表达，即元叙事身份来面对受众的。这一点，跟纪录片的解说词有类似之处。这种"就是我"的假第一人称叙事带来的艺术创作空间无疑是巨大的，既体现了诵读者与原作者思想情感的高度融合与统一，又反映了诵读者自身的审美理想和审美追求，并结合了当下的时空关系（诵读者在"这一次"诵读时所处的场合、环境、观众、心理等多方面的语境关系）来进行创造性的表达。

（二）诵读者的第一人称叙事（"我"就是）

诵读者的第一人称叙事指的是，无论诵读作品文本内容中出现的是第几人称，诵读者都以我就是作者本人的身份感来进行表达，如果诵读作品的文本中出现了人物语言（对话或者独白），诵读者也将以"我就是那个人"的身份感来表达相应内容。

其中包括两种主要情况：一是诵读者就是作者也是叙事者。例如诸葛亮的《出师表》、范仲淹的《岳阳楼记》等著名古文经典篇目，全文都是作者本人视角的叙说，诵读者可以将自己完全想象成作者本人，无论身形、声音、语气还是情感、思想、目的，从内到外都可以采用与原作者高度近似的方法来还原，即"我就是"。二是诵读者是作者笔下的某个人物角色，例如老舍的《茶馆》、曹禺的《雷雨》等小说中形形色色的人物说话时，诵读者也可以"我就是那个人"的身份感来处理。以"我就是"的第一人称叙事方式来进行表达。这对于诵读者来说是一个不小的挑战，因为无论从内到外都要求诵读者无限接近原作者或人物。

要看起来"像"，这个"像"需要有表演的功底来支撑，既要人物行动、神态、声音形式、语气意味、节奏变化的形似，又要内在气质、思想情感运动等方面的神似，需要丰富的生活阅历、观察力、感受力和长期的表演训练、创作实践来锤炼检验。

（三）"拟人"——一种特殊的诵读身份定位

在中华经典诵读文本中，上面谈到的文本情况应该说涵盖了大多数作品的叙事方式，然而还有一部分诵材是比较特别的，比如现代诗人昌耀的《河床》："我从白头的巴颜喀拉走下。白头的雪豹默默卧在鹰的城堡，目送我走向远方……"全诗采用第一人称的口吻，以"我"代指河床，消弭了河床与读者之间的隔膜，情绪饱满，意象丰富。然而对诵读者而言，是否要把自己当成河床来演绎呢？这显然是句玩笑话，没有人能以表演的方式去把自己扮作河床，既然我们都知道这里的

"我"是拟人，那拟人之后对于诵读者而言，"我又是谁呢？"

"我该以何种语态来进行表达呢？"从诵读艺术的创作实践来看，这里"我就是"富有生命力的那个审美意象，采用的身份定位是假第一人称，这时的语言样态应属于朗诵的大类，而非戏剧表演。首先，朗诵是一种舞台上的语言艺术，什么是好的朗诵？所谓情声和谐，形神兼备是朗诵语言的至高追求，没有止境。身份真的重要吗？对于朗诵者而言，是重要的，这直接决定了朗诵者以何种语言样态来表达作品内容；对于欣赏者而言，是不重要的，因为真正唤起受众共鸣的是真挚的情感，是美的意境、美的韵律、美的风格所带来的无穷的审美空间，余音绕梁，回味无穷，而搭建起这个共鸣的桥梁的便是朗诵者用情声带给受众的审美意象。南朝梁刘勰在《文心雕龙》中提到"独照之匠，窥意象而运斤"，所谓意即心意，象即物象，意思是构思时须将外物形象与意趣、情感融合起来，以形成审美意象。德国哲学家康德在《判断力批判》中指出："在艺术中，审美意象作为一种最能表现理性和能与道德类比的艺术形象，当然也是'最高度'的艺术形象。"审美意象能引起人们想到许多东西，却又不能由任何明确的思想或概念把它充分地表达出来，因此也没有语言能完全适合它，把它变成可以理解的。审美意象是指在对客观世界审美感知与体验的基础上，融会主观的思想、感情、愿望、理想，在艺术家头脑中经过艺术创造形成的意象。这种主客体统一的审美意象，一旦经过媒介或艺术语言等物质手段传达出来，就成为艺术作品的艺术形象。黑格尔说："真正的创造就是艺术想象的活动""艺术家还必须凭借他的想象来创造外在的艺术品"。[1]

1　黑格尔：《美学（第二卷）》，朱光潜译，商务印书馆，1979，第376页。

是的，文学是想象的艺术，将文学作品诵读出来的朗诵艺术同样也是想象的艺术，而诵读活动的欣赏者要获得审美的体验亦需要审美想象。在一次朗诵活动过程中，文学文本中的艺术形象、诵读者表达的艺术意象、欣赏者听到诵读者的语言表达之后在脑海中唤起的艺术意象，这三者如果能够达到基本一致，就可以说这是一次成功的朗诵，如果这三者能够达到高度一致，且还能将欣赏者带入符合其自身审美能力的美的意境，我们可以说这是一次令人享受的朗诵。

既然如此，当朗诵者在遇到拟人的作品，或是寓言童话中小动物、古代神话中的神兽等艺术形象时，诵读者不可能也没必要再去表演了。因为即便诵读者身着动物的服装，说着拟人化的台词，观众也无法把他真的当作小动物看待，真正动人心弦的是凝结着原作者、朗诵者真挚的思想情感，蕴含崇高的审美理想和审美个性的艺术意象。

（四）诵读者没有第二人称、第三人称的身份定位

众所周知，对于文学作品而言，是有着第一、第二、第三人称的不同视角的写作模式的。叙事人称，是小说和其他叙事文学所主要依赖的角色称谓，需要将一切作品以外的讲述声音摒除，看其叙事行为究竟承载于哪些个体的形象。这样就不会造成所谓"隐含的叙事者""不存在的第三人称"等歧义，也不会认为"叙述者在叙事中只能以'第一人称'存在"[1]。

然而对于经典诵读而言，作为二度创作的诵读者永远是面对观众的讲述者，诵读是一门语言艺术，诵读者是以口语传播为途径的语言艺术的创作主体，而不是照着稿子念的复读。

对于小说的叙事模式，陈平原在《中国小说叙事模式的转

---

1 热拉尔·热奈特：《叙事话语 新叙事话语》，王文融译，中国社会科学出版社，1990，第171页。

变》中谈到："中国小说叙事模式的转变应该包括叙事时间、叙事角度、叙事结构三个层次。"从叙事角度来看，中国古典小说基本都沿用的是上帝视角来进行刻画，也就是所谓的全知视角，这种叙事角度下的经典诵读者往往采用元叙事（假第一人称）或第一人称来进行诵读表达。

当然，也有一些作品，例如在老舍的短篇小说《老字号》中，作品采用了第三人称的叙事方式，所展示的一切都严格限制在伙计辛德治的视域内，以现代适应力作为参照系，批判了老掌柜不思变革的保守心理。同时，对现代商业道德提出批判，从而在某种意义上肯定了古老经营方式中的职业道德。莫言在他的中篇小说《欢乐》中，更是全篇使用了第二人称叙事视角，小说《欢乐》在交代主人公"你"的身份时，通过第三人称之口："你迷惘地看着他，他又说：永乐！他称呼你的乳名，你感受到了很大的侮辱。"这直接解决了读者在阅读时会把自己当作第一人称的情形。

当诵读者在诵读这种以第二、第三人称为叙事视角的作品时，由于诵读者是二度创作，所以作为面对观众的诵读者依然应采用"我在表达"的假第一人称来进行呈现。这是由诵读艺术是口语艺术的特质所决定的，是由语言传播是由说话人到受话人的传播规律决定的，没有人希望听到一个正在面对自己说话的人好像在念稿子一样的语言样态，这已经谈不上语言艺术了，也谈不上创作，用人工智能复读即可。

因此，无论诵读者手上是否有稿件为依据，也无论这稿件是何人所写，只要是从自己的口中说出，都应该恢复大脑编码过程，重新唤醒思维反应，听起来"像是自己要说的话一样"。造成照本宣科，见字出声，念得痕迹重等诵读活动常见的语言表达问题的主要原因便在于此。

（五）诵读者身份定位的跳跃性

诵读者与戏剧表演者最大的不同之处，就在于诵读者面对的经典文学作品种类繁多，叙事视角多样，甚至在同一篇文章当中既有旁白又有人物语言。对于诵读者而言，自然会出现多种身份定位的切换，甚至有时要在讲述者与不同人物角色之间频繁转换。而对于戏剧演员来说，演员在表演时的台词一定都是某一个角色的，所扮演的一直是那一个角色，即便有演员在一部剧中分饰多角，他的台词也一定是各个角色各自的台词，在表达各自台词时依然不会出现身份上的游离。

例如，我们节选鲁迅的《祝福》当中的一部分文本：

我先是诧异，接着是很不安，似乎这话于我有关系。试望门外，谁也没有。好容易待到晚饭前他们的短工来冲茶，我才得了打听消息的机会。

"刚才，四老爷和谁生气呢？"我问。

"还不是和祥林嫂？"那短工简捷地说。

像这种旁白叙述和人物语言反复穿插的情况在经典诵读的文本中占了相当大的比例。这是对于诵读而言，一会儿要完成旁白叙述语言，一会儿又要衔接具体的不同人物的语言，因此从身份定位来看，需要诵读者频繁地完成不同身份感的转换，这就是诵读者在语言表达过程中身份定位的跳跃性。在这个过程中，需要诵读者具备敏捷的思维反应、思想感情的快速转变、高超的语言表达技巧和不同语言样态的转换能力，想要表达得好，需要具备深厚的语言功力。

二、情感调动与控制

诵读艺术是传情的艺术，语言艺术感人至深的原因除了情节内容上的起伏，莫过于引发受众情感上的共鸣。情感调动与控制在诵读中起着至关重要的作用，一方面，诵读者在创作的准备阶段要先做一名合格的读者感受和理解文本的情感内涵，这一点我们在上文已经提及；另一方面，诵读者在用声音进行表达时，该如何控制和调整自身的情感，既要使其与文本的情感相吻合，又要以情带声达之听者，以达到最佳的表达效果。

《中国播音学》理论体系的创始人张颂教授对播音主持语言表达的情感调动方法——情景再现、对象感、内在语，以及情感表达方法——停连、重音、语气、节奏的论述是具有里程碑意义的，对播音创作主体在准备阶段和表达阶段的情感把握有着十分科学的阐释，尽管播音主持的语言表达创作法与诵读艺术是不能完全划等号的，但情定声，声传情的基本创作规律是适用于所有语言艺术的。在这里，笔者主要谈几点诵读实践中的情感调动与控制的体会。

第一，情只能由衷而不能刻意。在诵读艺术的实践中，我们总是听人说，要有感情地表达，在语文教学的课堂上，老师也常说要有感情地朗读课文。然而什么叫有感情地？这是个难题。诵读实践的情感的来源一方面是原作者的原文使得诵读者（当然先得是读者的身份）在初读时有了感动，可我们在现实中经常见到的是，很多诵读爱好者刚到手的稿件拿起来张嘴就朗诵，甚至一句话还要尝试用不同的音高、语势来反复揣摩。这忽略了一个起点，即我们首先应该做一名合格的读者。如果不能先作为一名读者，试问哪里来的与原作者的情感共鸣呢？哪里来的真切的感动呢？没有情感的共鸣那又是什么在推动着自己一拿到稿件就开始高声朗诵呢？恐怕这是很多初学者遇到的情况。如果在诵读时把情感当作一种要求，看似是想要以情带声，实则容易变得刻意，这样久了往往千篇一律，千人一声。另一方面，诵读实践的情感来源是诵读者丰富的情感阅历和体验，并能与作者共情的能力。做到情感阅历丰富并不难，难的是诵读者无法与原作者身处同样的时代背景和拥有同样的人生经历，如何做到共情呢？很多时候来自诵读者的间接体验。我们不在唐代，但可以从史料古籍、博物馆、影视剧中获得间接的认知，这种认知越翔实、越丰富、越全面，就越容易品味原作者的思想情感。然而，并不是说我们读了一部历史著作、看了一部纪录片就能够获得多么广阔深邃的间接体验，这是一个积累的过程，是一场没有止境的旅行。

第二，情是具体的，不是泛泛的。在语文课堂上，当我们谈到一篇文学作品的主题思想时，往往会以"本文通过描写……，表达了作者……的思想感情"的基本格式来概括，并且会按不同的思想感情类型来对文章进行分类，例如，张九龄《望月怀远》、李觏《乡思》、杜甫《月夜忆舍弟》等会被归为表达思乡之情的作品，但"海上生明月，天涯共此时""人言落日是天涯，望极天涯不见家"与"露从今夜白，月是故乡明"却各有各的情境，各有各的寄托。《望月怀远》这首诗是张九龄于开元二十四年，遭到奸相李林甫诽谤排挤后被贬为荆州长史，望月而思念远方亲人而写的，情深意永，细腻入微；李觏的《乡思》一、二句从远处着笔，写诗人极目天涯时所见所感，三、四句从近处着墨，写诗人凝视碧山的所见所感。这首诗写出的是他归乡无计的无奈和痛苦，表达了对故乡深挚浓厚的思念之情；《月夜忆舍弟》是乾元二年（759年）秋杜甫在秦州所作。这年九月，安史之乱，安禄山、史思明从范阳引兵南下，攻陷汴州，西进洛阳，山东、河南都处于战乱之中，杜甫的几个弟弟正分散在这一带，由于战事阻隔，音信不通，引起他强烈的忧虑和思念。由此可见，泛泛地看都是思念亲人、思念家乡的作品，但作者身处的时境、创作的缘由和情感的差异性是不同的。如果都按照统一的思乡之情来把握情感，显然是不准确的，而语气的准确性、语言的感染力、情感的浓淡与分寸是十分重要的，恰恰是在这些细微之处见功力！

第三，中国有句俗语叫"有理不在声高"，用这句话来形容诵读艺术实践中情声关系的辩证性其实是很形象的。在一次音乐竞演类真人秀节目中，著名歌唱艺术家刘欢作为节目评委在点评一位歌手的演唱时也用到了这句话，当时那位青年歌手许是比较擅长唱高音，因此将一首叙事抒情歌曲的副歌部分唱到了小字三组，当时掌声雷动，但刘欢还是给选手提了很中肯的建议，我们不是不可以唱到很高的音，而是有时一些作品娓娓道来反而更加震撼人心，不一定都适合用高音去表现。其实，诵读艺术又何尝不是呢？诵读也是以声传情的艺术，我们在很多场合中听到过诵读者全篇下来声音都是明亮高亢，到了情感的高点甚至会直接喊出来，甚至一场比赛或者一场展演下来一个选手比一个选手"激动"，一个作品比一个作品声嘶力竭。这种没有区分的、忽视每篇稿件具体性的叫喊似的朗诵，恐怕是离艺术创作渐行渐远了。唐代诗人白居易在《琵琶行》中说的"别有幽愁暗恨生，此时无声胜有声"不正是情与声的关系吗？有时真的愁苦到了极致、悲痛到了极致、开心到了极致，反而是说不出话来的，这时的无声比叫喊来得更有力量。

诵读艺术终归是一门艺术，艺术需要留给受众一点想象的空间，创作者把空间都填满了，也就没"意思"了。在诵读艺术实践中，有诵读者身着与诵读稿件匹配的年代服饰，表现难过真的会哭出来，表现开心真的会大笑着说，表现憎恨真的会捶胸顿足声嘶力竭，我们也常常看到台上诵读者非常卖力，甚至自己都泪流满面，而台下观众却毫无反应。这种情况说到底往往是创作主体太想"表现"了，用感情把自己的声音填满了，留给观众的审美空间反而被挤没了。在中国古典文论中，无论是艺术"风骨说"还是"意境说"本质上都提倡艺术的魅力在于表现弦外之音，所谓"大音希声，大象无形"，艺术作品具有感人至深的特性恰恰在于"韵外之致，味外之旨"，无论是雄浑高亢还是低吟浅唱，都力求不可尽竭，这尤其体现在诵读者在情感到达一定程度时对声音的控制力与分寸感的拿捏。

第四节　表达的空间

一、中华经典诵读艺术的用气与发声

（一）气息的运用

戏曲界有句老话，气势为声音之本，由此可见气息的运用在戏曲艺术中是十分重要的，同样的，诵读艺术主要是用声音带出情感，气息深浅、强弱、虚实、长短的变化与声音的高低、快慢、明暗、虚实以及情感的外部体现都有着关键的联系。呼吸的气流是制造声音的动力，可持续的、控纵自如的气息，能随时随地适应情感支配下的声音变化。

诵读艺术的呼吸方式一般有三种，第一是胸式呼吸法，胸式呼吸法主要靠肋骨的呼吸运动来进行，吸气时横膈膜虽然略微向下移动，但下降的程度甚小，胸腔扩张不大，吸入的气流量自然也不多，呼气时只是把肌肉放松恢复到原状，呼出的气流是浅而弱的，气流长时间浮在上胸部，肩膀上抬是主要的外在标志。用这种呼吸法发出来的声音，往往令人感到声带紧张，声音虚而不实，窄而飘，如果发高音还会出现中气不足的现象，在遇到一些情节相对紧张或激昂的文稿内容时，甚至会出现破音。这种呼吸方式是不能够适应诵读艺术表达需要的。

第二，腹式呼吸法，腹式呼吸法主要靠横膈膜的力量来进行。在呼吸过程中，由于横膈膜下降，迫使腹部向外向下突出移动。胸腔虽然扩大了，但不是有意识的动作。胸肌并不积极推动，胸廓只是伴随腹部波动，而胸部往往是固定在一定的状态之上，可控性较低，用这种呼吸法呼出来的气流要比胸式呼吸法的气流流量相对大一些，但仍然不够强，不宜发中高音，会影响声音的持续性和耐久性。这种呼吸方式带来的音色效果往往较为暗、闷、空，初听有些浑厚，但是实度和响亮程度不高，变化的域限同样较窄，也不能作为诵读艺术的主要呼吸方式。

第三，胸腹联合式呼吸法。胸腹联合式呼吸法，俗称丹田气，靠肋骨和横膈膜共同运动来实现，可以说是胸式呼吸和腹式呼吸的联合应用。胸腔借助吸气肌肉群的力量，使弓形的肋骨提高和扩展，扩大了胸腔周围的空间，而同时横膈膜的收缩和下降，又增加了胸腔容积的上下径，这就使胸腔得到了全面的扩大，肺的容积也随之全面扩大，气流量也就较上述两种呼吸法更强。

胸腹联合式呼吸法为艺术语言工作者所广泛采用，它是在一般自然呼吸的基础之上，通过后天练习得来的。当我们要尽量吸入更多空气时，会发现胸廓和腹部同时向外鼓起，而小腹则略向后收缩，这时胸肌和膈肌的运动已超出自然呼吸的活动范围。在这个基础之上，经过长期的锻炼，把这两组肌肉群的韧性锻炼得更加坚强，逐渐把它变成自然的呼吸法，便能控制自如了。自如地呼吸是诵读艺术气息发声的基础，它能够保证声音的稳定性、可持续性和可变性，同时有助于音量、节奏的控制，增强声音对情绪波动的弹性变化适应能力，实现"从心所欲而不逾矩"。

掌握了胸腹联合式呼吸方法并不等于就具备了诵读表达中的气息综合运用的能力，这里我们主要谈一点经验。有时感觉采用了胸腹联合式呼吸法后，气流的流量、强弱、密度都有明显改善，但当情绪饱满高亢时气息也随之单向向上运动，声音的高度和响度也提得很高。这时我们就需要把握一个原则，即情绪越激扬饱满，声音越想往高走，气息就越需要往下沉，好比在放风筝时，声音就是风筝，气息控制就是手里拽的风筝线，两者应形成一对抗衡力，气息要往声音相反的方向运动，不然就像脱了线的风筝越飘越高，没了控制就失了边际。当气息由口鼻吸入到肺部以后，我们一张嘴就有一股自然的推动力量，向上向外输出气流，诵读时为了能够自如地控制和使用气息，在向外呼吸的同时还必须有一股人为的向下向后的保持力量，与呼气中向上向外的气流相对抗，二者在相互联系中求统一，在相互对抗中求平衡。

任何物体产生向上向外的动力时，都要先摆脱地心引力，人向下弯腰或者是提取重物的一刹那，向远处高处叫喊时，其实也有这种感觉。那怎样把这一刹那的感觉变成比较长时间的相对稳定的感觉呢？这就需要加强横膈膜腰腹部肌肉，尤其是后腰部后两肋肌肉的保持力量，也就是说虽然是在呼气，但也还要保持这部分肌肉的紧张状态。

小腹部位（一般俗称脐下三指处为丹田）的肌肉也要发挥

作用，造成一股内转的力量及丹田气，这时身体内部再向外部呼出气流的同时，便隐隐有一股向下向内渗透的收缩的感觉。同时横膈膜逐渐放松，让气息形成一条气流柱慢慢地向上走，而后腰肌肉也有一种下坠的感觉，并呈现紧张状态。

上述的文字描述可能略显抽象，但如果明白其中道理，加上持之以恒地练习，其实是不难掌握和应用的。

（二）声音的使用

我们常说的"情、气、声、字"合称为诵读艺术的四大元素，在发声时：情应是情深似海，因情用声；气应是气沉丹田，以气托声；声应是变化多样，层次丰富；字应是以字行腔，字正腔圆。朗诵以情开始占主导地位，气息是表达感情的动力，气跟着情，情感和气息都是内在的，当二者形之于外时，便使得吐字清晰有力，情感、气息、声音、咬字有机地组合起来，便是整体的声音表现，所以诵读艺术始于情感的酝酿，最终发展为声音的表达，整个过程都是用声音带出情感，所以朗诵是一种声情艺术，科学地用声显得尤为重要。

对于声音，我们并不陌生，从中学物理课堂上我们便知道声音的四要素分别是音高、音强、音质（音色）和音长，音高由声波震动的频率所决定，音强由声波震动的幅度（振幅）所决定，音质由发声体及腔休形状的变化、发声方法的变化等三方面所决定，俗称音色，音长主要指的是声音的持续时间。当然，诵读艺术作为声情艺术也不例外，诵读者的发声表征也是受上述四个方面的影响，但是很多爱好者在实践的过程中往往需要先从用声的观念上打破一些误区，之后再谈具体的用声方法。

所谓用声即人对于声音的使用或运用。从声音的使用环境来看，主要分为自然用声和艺术用声两大类，自然用声是指人类在日常生活中发出的声音，主要是以平时交流传达信息为主；艺术用声又可分为语言艺术用声、歌唱艺术用声两种情形，语言艺术用声主要以演讲、诵读、表演（含配音）为代表，歌唱艺术用声主要是以戏曲艺术和以民族、美声、通俗、歌剧等声乐艺术为代表。我们这里主要谈一下自然用声和诵读艺术用声。

　　自然用声既然是存在于日常生活中，以传递信息和表达观点态度的口头语言为主，那么自然用声的音高变化正常情况下是在一个八度左右，只有一些紧急或情绪激动等特殊情况下才会格外低沉或高亢，自然用声音强、速度、节奏是十分自由而松弛的，往往与说话人的物理语境有着直接联系，比如两个人在室内紧挨着说话，则音高不高、音量很小，能听到即可；两个人在户外，距离很远，那说话人就要费些力气了，我们常说扯着嗓子喊才能听到，这时音高音强都要提升很多才行，甚至如果环境很嘈杂，那就更吃力些。从自然用声的清晰度上来看，多数私语环境下也是以满足大概能听清能听懂即可，日常说话人多多少少存在一些啰唆、重复、打磕巴、语速过快或过慢等问题，这都是正常现象，也是日常口语的特点之一，只有在一些公开场合，如课堂上、会场上等公共语境下才对说话者的清晰度有较高要求。

　　而诵读艺术用声则属于艺术用声，多数情况下出现在舞台上，有时也出现在语文课堂、读书分享会以及社区等其他一些公共场合。诵读作为舞台语言艺术当中的一种，与日常自然用声显然有着很大区别，它的用声是要具备艺术标准的，这既是诵读者于舞台上表现情感的内在需要，也是听众台下或荧幕前审美接受的外在要求。从音质上看，诵读艺术的用声要贴合文本内容或人物特点，往往音色虚实结合、变化多样、富有极强的个性和表现力，音域大概在一个半八度内，在句子的语气、语调、节奏上讲求准确生动、入人耳、达人脑、进人心，具有较强的艺术感染力。另外，在语音的清晰度方面，因为舞台艺术的需要，发音清楚是一切语言艺术的基本要求，试想如果诵读者的吐音有问题，有些字甚至很难听清楚，观众听都听不懂又何谈艺术呢？因此，吐字清晰饱满是诵读艺术与日常自然发声最大的不同之处，当然其他也有许多差异性，例如诵读语言的语速、节奏变化与日常口语的自由随意性不同。另外，诵读语言的音强、音量大小的变化依据也与自然发声区别很大，由于诵读时通常是有话筒、音响等电子设备作为传声的媒介，这与日常口语直接受距离空间的限制有着很大不同。

因此对于个人而言，诵读艺术的主体需要明确自己的本声和艺术用声的差异性，如果在这一方面把握不当，或者直接把日常中自己的本声和一些用声习惯拿到诵读艺术的实践中去，是不合适的，这也是许多诵读艺术爱好者出现声音困扰的重要原因，听起来始终有点"不是那个味儿"。

这里需要说明的是，一些人指出语言要"口语化""语言鲜活""自然生动"等，不然会很死板，恰恰相反，这些要求与艺术用声吐字饱满圆润、结实明亮并不矛盾，通俗地说，饱满圆润、结实明亮是基本要求，同样是饱满圆润，在不同的稿件、不同的内容的呈现中是弹性的，不是一成不变的，有时一些需要口语化的、个性化的人物语言，开口度相对大也好小也罢，都可以是饱满圆润、清晰入耳的，如果一定要是固定的口腔形状那反而才是处处受限，一成不变，只有把握住了基本要求才会进入到更加自由的表达空间，这一点需要长时间在实践中磨炼，非朝夕所成。

（三）再议"字正腔圆"

"字正腔圆"是语言艺术工作者从学习诵读艺术伊始便要

着重训练的基本功，这一点众所周知，这里着重谈一点认识上的问题，因为一旦观念上没有形成科学合理的认识，那后续一连串的问题便会接踵而至，事倍功半。

"字正腔圆"一词最早见于我国台湾已故知名作家高阳所著的《胡雪岩全传·平步青云》上册，"接着便也说了这一句谚语，字正腔圆，果然是道地的无锡话"，此句中的"字正腔圆"显然是针对"无锡话"的"道地"程度而言，这里的"字正"主要指的是字音准确，"腔圆"主要指的是字调和语调优美动听。"字正腔圆"一词也不单指语言艺术的吐字要求，在戏曲艺术、声乐艺术中也同样有此要求，这意味着"字正腔圆"是以吐字为主要手段之一来进行某种艺术上的表达的基本审美要求。尽管在戏曲等艺术中"字"有可能是以某地区方言语音为标准，但就诵读艺术而言，"字正腔圆"是以国家通用语言文字——汉语普通话为标准语音的，汉语是孤立语，也是音步型语言，虽然没有词语法形态上的变化（"了""着""过"类似黏着语的时态变化），但是有着独有的文化内涵和节奏韵律，从听觉角度来判断，随着人们发音器官的松紧交替变化，形成了一段段清晰明了的语音片段，音节与音节之间的区分非常明显，简单而清晰。此外，普通话音节中常含有响亮的元音音素，而且音节中的轻声母较多，使得普通话音节听起来清脆而响亮。同时，普通话的四声调具有高、扬、转、降的高低变化，调值为"55、35、214、51"，其中高音成分较多而低音成分较少。当人们吟诵各种声调的音节组合形成的文章时，不仅有强烈的节奏感，还充满了抑扬顿挫的音乐美感。

此外，"字正腔圆"是汉语普通话音韵美的特质之一，它在普通话音节本身的美感基础上得到了强化。在播音主持的普通话语音发声教学中总结出的每个音节都要处理为"枣弧形"

的要求正是对音节美感的强调。正如古人所说的"字字珠玑""大珠小珠落玉盘",这使得音节的准确性和音乐色彩得以充分发挥。在诵读艺术的表达实践中,重音的强化和非重音的带过形成了高低错落和快慢相间的效果,无疑使诵读语言成为人们听觉中独特的审美对象。

从认识上来看,有诵读艺术实践者认为"字正腔圆"过时了,现在都提倡"自然化""口语化",这恰是说明了其对"字正腔圆"的审美内涵是有误解的,如果千人千法,随意呈现,则是将生活中的"自然语言"与"艺术语言"混为一谈。

规范是最大的自由,无论是哪一种艺术门类都有着自身独有的艺术形式和表现手段,这是每一门艺术无论如何演变与发展都要遵循的基本范式,楷书再怎么写也不能是行书,歌曲再怎么唱也不能是梦话,形式可以有创新,但不能没有章法,一味地求新求异而忽视了基本要求是没有生命力的,也是经不起历史检验的。就像伴随当今新媒体的迅猛发展,各种短歌热曲在流量的推动下迅速火遍大江南北,但是一年之后(有些可能还持续不了一年),再听甚是无趣,很快便淡出"流行"的行列,真正让人能够百听不厌的,才是经典金曲。记得之前央视出过一期节目《一人一首成名曲》回望经典,从艺术创作来看,经典未必高产,但却是经久不衰、令人回味无穷的。

"字正腔圆"是动态的标准。动态,其实是由诵读稿件文本的体裁形式和具体内容决定的。朗诵古诗词有古诗词的"字正腔圆",演播小说有小说的"字正腔圆",诵读散文有散文的"字正腔圆",旁白有旁白的"字正腔圆",人物语言有人物语言的"字正腔圆"……通俗地讲,"字正腔圆"是一个域限,而非局限,如果诵读者的吐字功力较为深厚,那完全可以驾驭不同形式下的"字正腔圆",尽管程度上和语言样态上有区别,开度和响度有区别，虚和实有区别，但听起来都可以是"字正腔圆"的，这就像是很多台词功底好的演员即使是很小声说话但观众依然可以清晰入耳。我们举个例子或许会好理解些，很多朋友都参加过普通话水平测试，但无论是机器测试还是人力测试，都会面对一个问题，究竟一个字音说到什么程度算准确呢？笔者以作为普通话水平测试员的角度来看，我们对每一个字音的准确性其实是有"容忍度"的，也就是说，字音的准确性是一个范围，而不是一定要具体到某一个接触点一成不变的位置上，那是不科学的，也是不现实的。例如，很多朋友有"尖音"的问题，也就是受方音的影响容易将"j/q/x"舌面音发成舌尖音，理论上看，其实原因在于普通话的拼合关系中只有舌面前塞擦音和擦音能够与"i/u/y"相拼，这种情况称之为团音，而舌尖前塞擦音和擦音是不能与"i/u/y"相拼的，这种拼合关系只存在于方言音系中，称之为"尖音"；从实践上看，当我们发"机"这个字音时，字头的"j"是舌面前与上硬腭成阻的，那么由于上硬腭是一片区域，只要我们在发音时舌面前部是与这个区域内成阻，从听感上我们基本都能够接受，也就都可以认为是准确的（当然这个区域也没有想象中的那么大）。但如果发音时舌过于向前，已经导致了舌尖与上下齿背成阻，则我们从听感上就会明显听出是很"尖锐"的一种音色，那就可以说是错误的发音，也就谈不上"字正"了，"腔圆"也便无从谈起。

　　同样地，在我们面对不同的稿件体裁和文本内容时，有时是《沁园春·雪》的高亢明亮，有时是《声声慢》的浅斟低唱，有时是《背影》的娓娓道来，有时是旁白的推波助澜，有时是人物语言的沉郁凄婉……一切都要从具体稿件出发，从具体语句出发，从时空关系出发，甚至从每一次具体的诵读环境出发，这些方方面面的因素决定了每一篇文章、每一段话甚至每一句话都有着不同的吐字开度和强弱明暗等虚实变化的要求，这些因素也正是"字正腔圆"的动态体现的现实依据，而不是凭自我感觉去随意呈现。

（四）中华诵读艺术用声问题的改善

第一，诵读艺术的声音表达，切忌机械式腔调或油滑腔调，必须根据实际需要，不能过分夸张，宁可"情足声欠不可声足情欠"说的正是这个问题。在诵读艺术的实践中，最常见的问题就是没有处理好情声气的关系，情感是统帅，起统领的作用，是声音的灵魂和支柱；气息是字和声的源泉和动力，字是声音的先锋；声音是字的延续和美化。朗诵的这四大元素相辅相成、相互渗透、互相制约、彼此联系，是不可分割的整体。

第二，诵读艺术的声音宽度与响度。这里的宽度主要是指诵读者声音的音高变化阈限和声的纵与收的程度。从音高来看，生活语言的音域一般在一个八度左右，平常使用的只不过四五个音的宽度，而艺术语言的音域中，歌唱艺术的音域常在两个八度左右，诵读是说的成分重一些，但与平常说话不同，诵读者可能要面对很多听众，所以声音响亮，咬字清晰，语调自然之外，还必须把作品的思想内容完整地传达到后排听众的耳朵里，尽管有话筒等电子设备的支持，但如果原声的音高变化幅度过小，即便是通过音响送出，在听感上依然是低平暗淡的，当作品的内容要求我们用高低抑扬的声音来表达时，若仅用日常说话时所使用的四五个音节的声音宽度来表达，势必发声困难。

所谓声音的纵与收，简单地说是指诵读者声音的落脚点在物理距离上的体现，这往往与诵读者目标对象的远近或者诵读者内心视像的远近和情感的起伏有着直接的关系。在经典诵读艺术实践中，有不少人在舞台上声泪俱下，但场下观众却无动于衷，其中除与情感的表达方式有关，还有很重要的一点便是声音纵与收的变化幅度不够。例如，"在苍茫的大海上，狂风卷集着乌云。在乌云和大海之间，海燕像黑色的闪电，在高傲地飞翔。一会儿翅膀碰着波浪，一会儿箭一般地直冲向乌云，它叫喊着——就在这鸟儿勇敢的叫喊声里，乌云听出了欢乐。"这段高尔基的《海燕》片段中，"苍茫的大海上""狂风""乌云""闪电""飞翔""直冲向乌云"这些文字的背后是作者营造出的一幅幅连续的画面，如果诵读者的声音落脚点停留在同一个地方，假如是诵读者面前的一米左右，那么对于全场观众来说是很难被带入到画面中的，因为"苍茫的大海上"是平而远，"乌云""闪电"是高而远，"飞翔"是一个连续的动作绝非静止，且就是"飞翔"在"乌云"和"大海"之间，这是立体的有着明确位置感的，"直冲向乌云"是一个从低向高的、迅疾的动程，因此，如果诵读者的内心视像能够与文字呈现的画面所匹配，内心"看到"了，眼睛跟上了，声音也自然而然要跟上这个立体的、有着明确位置关系和运动轨迹的过程。声音一定是有着远和近、高和低、纵和收的实际表现的，这不是随意的，而是文字内容的呈现所决定的。试想如果诵读者的声音一直停留在一个地方，眼神也直直地盯着一个地方，那如何能够与文字所展现的画面相匹配呢？观众也无法被带入到场景当中，那无论诵读者自己有多么激动，观众自然还是无感的，因为情境并没有进入到观众的耳朵里。

　　第三，诵读艺术的声音响度。响度的大小主要是由气流的强弱再配以一定的声音高度形成的复合听觉效果，与口咽腔的开度和肌肉的紧张状态都有关系。声音的响度对艺术语言来说十分重要，因为响度既有声音的高度，又兼有宽度，而且字音的圆润程度也与响度关系密切，至少要有一定的响度才能达到"腔圆"。随着个人习惯的不同，每一个音节的主要元音都各有其自身的响度，要同时掌握每个元音的部位以及特有的声腔形式，才能把每个字的字音发得响亮。

第四，诵读艺术的音色。音色就是音质，通俗地讲，就是声音的本色，每个人的声音都各有其音色，这主要取决于每个人声带的宽窄厚薄等发声体本身的条件。而同一个人如果实现不同音色的变化，则取决于诵读时共鸣腔形状和发音方法的改变。生活语言与艺术语言对音色的要求是不同的，在日常生活中有的人音色很好，但放在艺术语言中往往因为超出了自然音域，如遇到要发高音的场合被迫提高声音，口腔形状、喉头位置、发声方式和呼吸等方面都不能适应要求，使得原来的好声音变得嘶哑难听。

常见的诵读艺术的音色可以分为语音音色、嗓音音色、声音色彩以及声音虚实。当然，如果从文本出发，诵读艺术的音色又可以分为：明亮的音色，明亮音色给人以欢快、活泼、轻盈的感觉；圆润的音色，圆润音色给人以温柔、细腻、抒情的感觉；浑厚的音色，浑厚音色给人以庄重、深沉、有力的感觉；清脆的音色，清脆音色给人以清澈、甜美、鲜活的感觉。这些都是针对不同的文本内容出发而进行的分类，当然，这只是简单区分，在实践中往往是多种音色穿插配合形成的整体，不可孤立看待，这些不同的声音色彩和质感，不仅影响诵读的整体效果，也关系到作品的风格和情感的表达。

第五，诵读艺术的共鸣调节。在日常生活中，直接引发人共鸣的腔体主要是口腔、咽腔、喉腔和鼻腔。对于艺术语言来说，可以引起共鸣的腔体还包括了头腔和胸腔，但头腔和胸腔的共鸣必须在口腔和鼻腔有了良好的共鸣基础后才能实现。经典诵读艺术的实践中，诵读者发声时的口腔和咽腔都要比平时说话时扩大一些，但都要以不改变诵读者的本音音色的维度为基本原则，因为诵读依然是以口语为基本的表达方式，这与需要头腔共鸣的声乐艺术有着明显的区别，这样才能取得最大的共鸣，而不是形成音包字的模糊音。口腔开度要和声带的松紧配合恰当，发较高音时，口腔开度不宜太大；发低音时，共鸣腔的肌肉不要因为发低音而过度放松，口腔要起到控制气流和造成音响的作用。不论发高音或发低音，共鸣腔的肌肉都要保持均衡的紧张，以造成整个声道都处于韧性较强的共鸣状态，这样才能产生响亮而优美的音色。有些人日常习惯发音偏浅，声音单薄不圆，要注意口腔开度需适当地扩大，而有些人发音习惯是位置偏后，声音含混不清，这要注意不能把舌根压得过低，舌面要挺起来，口腔开度要略窄，要根据不同元音的特性而调整舌位的高低、前后以及唇形的圆展。在共鸣腔扩大时，要注意咽肌和舌肌的互相协作，舌高点用力收缩时，咽肌也要用力配合，光靠舌肌的力量而咽肌放松，将会引起软腭松弛而下降，发出的声音会带有浓厚的鼻音。诵读艺术实践中，当遇到部分人物语言或者整体基调较为深沉或昂扬时，也依然会利用头腔共鸣和胸腔共鸣，从实践来看，胸腔共鸣属于低音共鸣，能够给人很强的可信感和稳健感，在运用中往往作为共鸣的基础来对声音起到支撑作用，是常态化共鸣方法。头腔共鸣属于高音共鸣，只有在极少数情况下才会用到，一般只存在于人物语言的处理上，由于这种共鸣色彩相对高而薄，不是诵读艺术语言的常态化共鸣方法。从声音的高低来说，高音容易引起头腔共鸣，低音容易引起胸腔共鸣。从元音的宽窄来说，宽元音容易引起胸腔共鸣，窄元音容易引起头腔共鸣，两种共鸣都是利用各个腔体的骨骼组织的声音传导作用来实现的。

在诵读时，欲实现高音共鸣，要始终将大量的空气储存在肺叶之中，要把共鸣提到头腔，以便形成清亮高亢的效果。实现低音共鸣时，应把共鸣的着力点压到胸腔的胸椎支点，以便形成厚实低沉的色彩。多数情况下，则是声挂前腭，打开后口腔，使得气流如水柱般冲击在上口盖的前上方、上齿背的后面，形成相对稳定的中音共鸣，即口腔共鸣，这是以口语传播为基本手段的诵读艺术的主要共鸣类型。当需要减弱共鸣效果时，便让喉部发出平直的声音，口腔开度相对减小，声道各部位肌肉相对放松即可实现，这种情况一般也不常见。诵读时不能单用喉部发出平直单调的声音，遇到某些关键性的地方，如感情的着力处，情节发展高潮所在的地方等，则往往需要使用各种共鸣引起混合效果。鼻音清澈，头腔共鸣声音高而宽，胸腔共鸣声音低而窄，各有不同的表达效果，需要配合情感的调动和内心视像的运动来协调把握。

以下列举两个例子以供参考。

第一个例子，"黯乡魂，追旅思。夜夜除非，好梦留人睡。明月楼高休独倚，酒入愁肠，化作相思泪。"节选自范仲淹《苏幕遮·怀旧》。这里的"追"和"化"这两个字，"追"是追随，有缠住不放的意思，"化"字是指酒一入愁肠都化作了相思之泪，欲遣乡思反而更增乡思之苦。这两句，抒情深刻，造句生新，在诵读过程中如果我们以胸腔共鸣为支撑，气息下沉，音色上采用偏虚的气音来表达，便更觉情意缠绵，动人心弦。

第二个例子，"醉里挑灯看剑，梦回吹角连营。八百里分麾下炙，五十弦翻塞外声。沙场秋点兵。马作的卢飞快，弓如霹雳弦惊。了却君王天下事，赢得生前身后名。可怜白发生！"

这是辛弃疾的一首《破阵子·为陈同甫赋壮词以寄之》。正所谓老骥伏枥，志在千里，烈士暮年，壮心不已，这是辛弃疾《破阵子》一词的写照。在诵读这首词时，从共鸣调节的角度看，如果我们在其中"沙场秋点兵"和"可怜白发生"这两句穿插使用喉腔共鸣来诵读，更容易表现出"沙场"和"可怜"的遥相呼应，可更加深切地体会到作者的壮志难酬，洒下惋惜怜悯之泪，这种以喉音来表现情感的陡然下落，同时又戛然而止的手法，出人意外而扣人心弦，会产生强烈的艺术感染力！

二、中华经典诵读艺术的节奏性

张颂教授在《中国播音学》中曾指出播音节奏的定义："在播音中，由全篇稿件生发出来的，以播音员思想感情的运动为依据的抑扬顿挫、轻重缓急的声音运动形式的回环往复。"[1]对于同样作为语言艺术的经典诵读活动来说，这一定义基本是可以沿用过来的，不过需要指出的是，张颂教授的定义出发点是从播音语言的声音形式的角度对节奏的概念进行阐释，对于经典诵读艺术来说，更多的出现场合是舞台，这与广播电视播音主持在话筒前、镜头前还是有一定区别的，因此除了声音形式的节奏之外，在这里我们主要对经典诵读艺术的其他节奏构成要素进行一些探讨。

我们知道，经典诵读艺术是一门情声艺术，是一种通过声音表达情感的艺术形式。而情感作为有声语言创作的基石，它的运动变化直接决定了诵读者的外部声音表现得抑扬顿挫，起伏流转。诵读艺术情感节奏的来源有两个，一是原作者在创作

---

1 张颂：《中国播音学》，北京广播学院出版社，2003，第365页。

文字稿件时思想感情的运动变化过程，二是诵读者在进行诵读表达时思想感情的运动变化过程，前者是后者的依据，后者是前者的再造和补充。例如，当我们在诵读朱自清的《背影》时，作者在文中的思想感情是先认为父亲的言行过于守旧，有点不太理解父亲；之后，父亲为儿子去买橘子，从父亲的穿着和动作中，儿子了解到了父亲生活的辛酸；后来父亲离开，又对儿子关怀备至，使儿子非常感动。整个过程通过对亲情的描写展现浓厚的情感意蕴，借助父子冲突突显当时的文化背景，依托儿子的忏悔反映现实的理性沉思。在当时的民族文化背景下，作者以父爱为基础主题，生动地讲述了父子情深的故事，与读者形成了共鸣。而诵读者作为当代人，在把握朱自清先生写作时情感运动变化的同时，还要兼顾为什么要在"今天"、在"这个舞台上"来诵读朱自清先生的这篇文章。诵读者自身对于这种"中年心态"的这种主旨情感放在自己身上又有着怎样的体会？想要传达给当代受众又有何种目的？这些便构成了诵读者的在诵读表达时的情感节奏来源。"中年危机"是指在现代社会情形下，人到中年时，往往像朱自清先生写的那样需要面临更多更大的困惑，不仅容易产生行为及生理上的不适应，而且还有心理上的不平衡。另外，由于"压力山大"，经常担忧人生可能经历的家庭、婚姻、事业、健康等各种危机和关卡。这些因素交织在一起便是在朱自清原文思想感情的基础上进行的当代再造与补充，这也使得听众更能够产生与诵读者情感上的共鸣。需要指出的是，诵读艺术活动情感节奏的变化和外部声音表现可能会比播音语言的节奏变化幅度更大些，更鲜活些，在语气的分寸与火候的域限上也要相对更宽广一些，当然，一切都是要从具体文稿上来判断，不可一刀切。

经典诵读的情感节奏应该注意的两个问题。

第一，诵读是有稿件基础的表达，诵读的情感节奏一定是以原作者的思想情感的运动变化为基本依据的，切忌"原创"，对于初学者来讲，这是很容易出问题的地方。刘勰在《文心雕龙·知音》中有言："夫缀文者情动而辞发，观文者披文以入情，沿波讨源，虽幽必显。"[1]诵读者首先亦是读者，这里说的披文入情指读者是通过文辞才能了解作者所要表达的感情，如果沿着文辞找到文章的写作源头，即使是深幽的意思也能够显现出来。诵读者如果只看表面，在准备阶段大概判断文稿是思乡、爱国、凄婉抑或愉悦，便认为已经掌握了稿件的情感类型，这往往是诵读的时候让人听起来"喊""平""乏""累"的主要原因，因为情感是具体的，所谓大处着眼，小处着手，不能只盯着全篇大概，忽视了上下文、前后句的情感的内在变化，也就拿捏不到情感的运动轨迹。

第二，诵读的情感节奏变化需要想象的补充。经典作品涵盖了经史子集、诗词歌赋、散文小说等多种类别，相对而言，篇幅较长、情节完整的叙事类的经典作品我们更容易去把握好原作者的思想情感变化，但是一部经典作品因自身文学体裁和范式的规定，往往篇幅较短，上下之间内容变换较快，甚至是有跳跃性的，例如我们去诵读《春秋》（有史可考的）部分，其中以睡虎地秦简《编年记》为代表的纪年类作品，如果我们以文学的属性而非史学的角度去看待它，则是相对较为客观的一种文学形式，其记录了从秦昭王元年（前306年）到秦始皇三十年（前217年）统一全国的战争过程及大事，同时还记述了一个名叫"喜"的人的生平及有关事项，几乎都是较客观地按年份来（有的年份也未能考究）记人记事，由于本身体裁的原

---

1 刘勰：《文心雕龙》，高京市译注 北京联合出版公司，2015，第375页。

因，诵读者是很难把握原作者的思想感情的，这时我们不得不依靠其他的史料以及诵读者自身对这段历史过程的其他间接体验来进行思想情感上的想象和扩展，这种作品诵读起来是有很大难度的，要把握好声音形式与文本本身体裁的适应性，把握不当、火候过了听起来就假，淡了听起来令人昏昏欲睡。而古诗词也需要一定的想象来进行补充。例如辛弃疾《永遇乐·京口北固亭怀古》："千古江山，英雄无觅，孙仲谋处。舞榭歌台，风流总被，雨打风吹去。斜阳草树，寻常巷陌，人道寄奴曾住。想当年，金戈铁马，气吞万里如虎。元嘉草草，封狼居胥，赢得仓皇北顾。四十三年，望中犹记，烽火扬州路。可堪回首，佛狸祠下，一片神鸦社鼓。凭谁问：廉颇老矣，尚能饭否？"在这首词的上阕中，一共包括了孙权、刘裕这两位英雄人物的典故；而这首词的下阕中，则是包括了"元嘉北伐""佛狸词""廉颇老矣"三个典故。短短百余字，用了五个典故，作为诵读者不能不知道为何用典，之间又有何联系，都寄托了作者怎样的思想感情，想到了什么人什么事来表达自己的内心情感，是怎样的一种心理变化，这些都需要诵读者做大量的准备，并且在史料的基础之上依靠创造性的想象去丰富和弥补文字之间的空白，而往往也是在创造性的想象能力方面使得不同的朗诵者在以声音去呈现文学作品的时候有了风格的不同、浓淡的不同、节奏的不同。

经典诵读艺术的行动节奏。诵读者的行动节奏指的是诵读者在进行经典诵读艺术表达过程中形体动作上的行动变化过程。诵读者的行动节奏归根到底是由诵读者的情感变化所决定的，既然情感变化的依据是原作文本，那么诵读者的动作、行动亦是要遵循原作文本的情感变化和内容情节的发展变化。诵读活动是声音形象和诵读者形体形象的综合表现，诵读时的行动节奏是朗诵艺术的重要组成部分，可以帮助诵者更好地表达作品的情感和内涵，让语言表达更加生动形象。

关于诵读者的行动节奏，我们应把握三个主要原则。

第一，诵读过程中的动作行动处于整个诵读活动中的次要位置，相对声音表达来讲，动作行动起到的是配合、协调、补充、修饰、推进作用。我们可以简要地把诵读时的行动分三个主要方面，分别是眼神、手势和身段。

对诵读者而言，眼神是除了声音以外最重要的表现手段之一。它可以传达人物的思想情感、烘托气氛、塑造人物形象。在日常生活中，很多时候我们往往可以通过一个人的眼神来判断出他的内心情绪和意图，在诵读艺术活动中同样如此，如果诵读者说的是蓝天白云，高山飞鸟，眼睛却是直直地盯着前方或者低处，观众很难被带入到他所描述的场景中去，因为眼里没有，往往反映的是内心的空洞，声音也便难以站得住脚，当然并不是说我们朗诵到高山就一定要往很高的地方看，重要的是内心视像通过眼神传达出来，那种眼神是自然的、真实的、含情的。当人物高兴时，眼神可以是明亮的、欢快的；当人物悲伤时，眼神可以是忧郁的、黯淡的；当人物愤怒时，眼神可以是犀利的、炯炯有神的。诵读者可以通过眼神的传达，让听众感受到人物的内心世界。当朗诵者在朗诵一首激昂的诗歌时，可以通过眼神来营造出一种慷慨激昂的气氛，当朗诵者在朗诵小说或戏剧时，可以通过眼神来塑造出人物的形象。比如，朗诵者在朗诵《红楼梦》中贾宝玉的台词时，可以通过眼神来塑造出贾宝玉温文尔雅、多愁善感的人物形象。朗诵者在朗诵时，要把眼神与声音、身体、语言结合起来。眼神要与所朗诵的内容相符，要与所朗诵的人物相符。朗诵者要根据所朗诵的内容和人物的不同，灵活地运用眼神。朗诵者想要拥有好的眼神，就要进行眼神的训练。诵读者可以通过对着镜子练习、与他人交流练习、朗诵作品练习等方式来训练自己的眼神。

从手势来看，手势与语言相结合，也同样可以起到增强表达效果、增加感染力的作用，如果与声音配合得当，甚至会对诵读者的情感调动和语言表达起到助推力，使得整个诵读过程行云流水、亲切自然。在实践中，很多初学者往往会将手势与情感内容割裂开来，这是不对的，情动而辞发，如果语言不能完全表达自己的情感则自然不会跟上手势甚至行动。这里我们主要介绍三种手势类型，一是基本手势，包括举手握拳、摊手、拂袖、指点等；二是模拟手势，主要是朗诵者利用手势来模仿朗诵内容中人物的动作、神态或某些具体事物；三是象征手势，主要是指运用手势来象征朗诵内容中某些抽象的概念或情感。这些都是我们经常用到的一些手势类型，在实践中是灵活的，相互配合使用的，不可造作。

身段同样是诵读者行动变化的重要表现手段。主要包括上半身、下半身和头部的协调与配合，在相对静止状态下，诵读者的基本形体是站立为主，上半身要保持正直，不要驼背或弯腰。肩膀要放松，手臂自然下垂，双手交叠或放在身体两侧。头部要端正，下巴微收，眼睛平视前方。下半身要站稳，双脚与肩同宽，膝盖微屈，重心落在两脚之间。脚尖要向外稍微张开，以保持身体的稳定。双腿要保持直立，不要左右摆动或交叉。头部要保持端正，尽量不要频繁地左右晃动或前后摆动。下巴要微微收起，眼睛要平视前方，不要向四处乱看。在需要有动作配合的情况下，如果是朗诵，要注意把握动作分寸，点到为宜，传神为主，且尽量不要长时间地将侧脸或者后脑勺朝向观众，尤其是避免固定化的几个动作，比如多人朗诵时，到结尾高潮部分一定要将双手举过头顶展开。这些动作如果真的符合情境可以采用，但如果变成了程式化的套路动作则会大大削弱诵读整体的艺术性和观众的审美体验；如果是演诵，要注意人物行动的准确性和舞台的整体调度，以自然真实为基本行动原则，日常可以反复练习和训练各种体态，但是到了台上应从整体出发、从人物心理活动来把握，刻意或表现力不够都会让观众疑惑甚至"出戏"。

第二，诵读者的行动节奏变化要顺势而为，依势而为。这里的势主要包括四种类型，分别是文本内容的走势——文势，思想情感的趋势——情势，声音节奏的趋势——声势，以及现场物理空间环境的变势——态势。这些不同的势为我们诵读时的行动节奏变化提供了重要支撑。

文势与行动节奏。文势是指文本中有关情节内容发展轨迹的走势，它内涵于叙事逻辑与结构，外化于经典作品文本的句与句之间，段落与段落之间，甚至部分与部分之间，篇章与篇章之间。一部经典作品的文本情节的走势往往主导着整部作品的节奏变化，我们经常用情节离奇、悬念重重、一波未平一波又起等来形容情节的发展态势。而作品情节内容的走势也为诵读者的表达提供了宝贵的行动指引。如果我们从诵读文本的角度来归纳，常见的文势大致可以分为线性走势、多线性走势、非线性或混合走势三种类型。线性走势往往是全篇主要讲述一个完整的故事，整个情节的发生、发展、高潮、结局按照时间先后展开，这时诵读者的行动节奏只要做到顺应情节的线性发展，也就是由静到动、由慢到快、由简到繁、由小到大的基本规律来进行，动作行动配合语言节奏呈现渐进性的走势。这也是大多数叙述类经典作品的基本讲述模式，当然倒叙也应包含在这里，因为除了出场方式是先尾后首之外，主要情节的发展过程亦是如此。多线性走势往往是两个或多个故事线同时展开，例如经典名著《红楼梦》有三条故事线索同时进行，第一，将封建贵族大家庭贾府的命运起伏作为呈现社会背景的叙事主线；第二，以宝黛二人爱情的进程为感情叙事方面的叙事辅线；第三，以大观园中薄命女儿们的悲剧宿命来呈现人的命运的叙事辅线。这时，诵读者的行动依据便丰富了起来，需要具体地按照身份定位的不同来分别跟随，这种行动的跟随性在多条线索同时讲述时会来得更密集、更复杂。受身份定位的跳跃性影响，自己的舞台行动也要时刻保持跳跃性，如果是一个人同时承担旁白和不同人物语言的时候，我们经常能看到诵读者在台上有时要靠转向不同的方向加以音色的调整，来显示出是不同的人物在说话，动作幅度不会很大，但是有时需要在不同的体态高度如直身与弯腰，不同的人物状态如怯懦与强势之间来回地跟随行动，难度相对较大。而非线性或混合走势往往出现在诗词歌赋中，由于篇幅的影响，这类文体往往字数较少，格律明显，作者在讲述情节内容或抒发情感时往往具有更强的跳跃性，即使有人物语言出现也是寥寥几笔，之后又进行抒情或议论，甚至有的篇目没有人物故事情节，直接借景抒情，这种文本节奏的变化走势是无常的，诵读者需要做充足的案头准备工作，在补足作者留白或者未尽之事的基础上来把握自身诵读时的体态动作，这种往往以传神为原则，点到为止，不宜像小说甚至戏剧文本那样去完整地展开动作行动，实际上在诵读时诵读者也没有充足的时间去做多余的动作。

情势与行动节奏。文学作品是作者心灵深处的写照，是他们对人生、社会、历史以及人性的深刻解读。这些作品所寄托的思想感情走势，不仅构成了作品的自身魅力所在，也为读者提供了理解世界的新视角，作为二度创作的经典诵读艺术，诵读者只有把握好文本本身思想情感的发展态势，才能使其舞台行动变得有据可依。在经典文学作品中，文本的思想感情走势是指作品所表达的主观思想和情绪的变化过程，它通常随着故事情节的发展而变化，有时是温和平缓的，有时则是剧烈激进的，有时是先抑后扬的，有时是欲抑先扬的，作品的思想感情走势是作品情感深度和哲学深度的反映。在行动节奏与作品情势的配合关系上，我们要着重把握三个原则。第一，越是当作品中的思想感情处于相对平缓低沉时，诵读者的行动越需要找支点，身体各部位肌肉越需要带上一定的控制。因为当情感处于相对平缓的时候，往往是故事刚开始，或者是一个场景刚刚讲述完，下一个情节即将铺开，这时如果身体肌肉完全放松下来很容易让自己在台上状态丢失或者情绪出戏，此时就需要身体肌肉状态的弱控制。弱控制不是没控制，松弛不是松懈。这样既能使在台上的整体形象更佳，也能够很顺利地适应接下来情感变化的需要，去进行动作上的跟随。第二，越是情绪饱满激昂的时候，往往越需要在动作行动上做减法。这一点是很多诵读艺术初学者容易把握不好的地方，因为一旦情绪激动、声音高亢，动作行动就容易"失控"或者过于夸张，这样往往会给人一种用力过猛甚至力量竭尽的感觉，艺术创作是需要留给观众可以想象和品味的空间的，如果凡是情绪的高点都用声嘶力竭、捶胸顿足、浑身是劲儿的方式来表现，反而显得无力、无度。第三，情势变了不一定非要去"做"点什么。情感是内化的过程，思想感情的变化有时只是一个眼神便能让人回味无穷，不一定非要多么大的反应和身体动作，如果是极度悲伤或特别喜悦，不说话，不做什么大动作，可能只要一个眼神，只要轻轻一个手势便足以震撼人心，这便是"此时无声胜有声"的意境之美。

声势与行动节奏。我们这里谈的声势是从有声语言表达声音节奏的角度来对声音发展的趋向和态势进行的归纳。声势是根据思想感情的运动状态发出声音从而组成节奏的形式。声势的存在单位不是句子，而是若干个句子组成的一段话、一部分甚至一整篇文章，声势是由语势组成的，是由上山、下山、波峰、波谷、半起等句子的不同语势类型组成的大于句子的声音形式。例如，"若夫淫雨霏霏，连月不开，阴风怒号，浊浪排空；日星隐曜，山岳潜形；商旅不行，樯倾楫摧；薄暮冥冥，虎啸猿啼。登斯楼也，则有去国怀乡，忧谗畏讥，满目萧然，感极而悲者矣。"这一段话的声势是从半起到波峰而后逐渐到下山的形态，这种高起低走的基本声势，往往体现暗淡的、压抑的、悲伤的情感，在这种如堤坝决口、潮水奔涌而去的声势影响下，诵读者的行动节奏应当去顺应这种声势，眼神逐渐紧盯、表情逐渐凝重，读最后一句"感极而悲者矣"时，手势甚至脚步移动都可以由内向外带出，以达到声音和形体和谐统一的整体效果。而"至若春和景明，波澜不惊，上下天光，一碧万顷；沙鸥翔集，锦鳞游泳；岸芷汀兰，郁郁青青。而或长烟一空，皓月千里，浮光跃金，静影沉璧，渔歌互答，此乐何极！登斯楼也，则有心旷神怡，宠辱偕忘，把酒临风，其喜洋洋者矣。"这一段话的声势走向刚好与前一段文字相反，低起高走是基本声音趋势，声音由弱到渐强，音色由偏虚到越来越实，音高由较低到逐渐升高，传达的是逐渐明朗的、开阔的、喜悦的情感走向。那么相应的，在这种声音的走势下，诵读者在行动节奏上同样应顺声势，眉眼之间逐渐舒展，表情由之前的悲伤向喜悦转变，手势可以随着语速的提升、音色的渐明渐亮而渐次地抬起，由低到高、由近及远都是较为合适的行动节奏的变化趋向，到最后的"把酒临风，其喜洋洋者矣"甚至脚步和身体都可以向前或向侧前方稍稍迈出。当然这只是基本的节奏配合关系，动作的幅度、方位、速度、力度的变化都要以整体情声状态、心理状态的自然和谐为佳，不可模式化或僵化。

态势与行动节奏。态势，指的是事物发展的形势及状态。我们这里所说的态势主要包括两个方面，一是物理层面，二是心理层面。物理层面的态势主要包括诵读现场的物理环境、台上台下的时空关系、诵读者自身或与其他诵读同伴的位置关系等物理环境的发展变化，心理层面主要是指由诵读内容或情节发展影响下的诵读者（们）情感关系的发展变化以及观众心理体验的发展过程。在一次诵读实践过程中，即使是诵读者一动不动原地站立完成的作品，也同样存在上述层面环境态势的改变。从物理层面看，诵读现场的基本环境，不管是在教室里还是空旷的广场上，抑或是舞台上、演播室里，是否有话筒，场地空间的大小如何，到最后一排的纵向距离有多远，左右横向空间又有多宽，现场是否有观众、有多少观众，诵读者与搭档之间位置距离是否改变了……这些物理环境方面的态势都对诵读者的行动设计起到了重要影响。另外，剧情是如何发展的，情节是逐渐紧张激烈还是逐渐舒展明朗，搭档处于什么样的情感状态，诵读者与诵读者之间的情感关系如何发展，诵读者是否与现场观众处于同一时空关系中，是否有"一堵看不见的墙"，如果没有"墙"，观众"这一刻"是什么反应，"下一刻"又是什么反应，诵读者该如何调整自身的声情状态等，这些心理层面的发展态势也无时无刻不影响着诵读者的行动节奏。一般说来，当物理层面的态势发生变动时，往往需要诵读者以明确的行动动作做出回应，例如自己的搭档从台侧上场，或者搭档有动作设计和舞台调度上的走位，都需要我们做出积极反应，例如侧身面向对方，并伴随眼神的交流。如果是提前的设计，搭档有较大的位置移动，则诵读者也要适当进行小的位置移动，如果搭档的脚步节奏较快（一般受情节和情感的带动），则诵读者的动作也要与此节奏相呼应，应该尽量做到行动上的同频，当然这种情况往往是以同一观点立场的身份为前提，如果是对立观点或不同阵营的剧情人物设定，那么有不同的行动节奏也是可以的，主要视具体稿件内容来定。当心理层面的态势发生变动时，则行动节奏变化相对较小，而更多的是声音和情感的调节。无论是自我的心理态势发生变化，还是搭档的情绪和用声产生了较大的改变，抑或是现场观众的面部表情反映出的心理状态变化，察觉到这些改变的诵读者往往会受到感染而进行自身情感和用声上的调整，行动上的变化一般处于伴随性，这也是现场观众的举止反应会对诵读者产生重要影响的原因之一。

第三，诵读者的行动节奏多数情况下应遵循速度上宜缓不宜急，频率上宜疏不宜密，幅度上宜小不宜大的原则。诵读艺术是情声艺术，诵读者的舞台调度和行动主要是与情声配合进行，在具体的实践中应该以具体的稿件内容、情节展开、情声节奏为依据来设计创作，不能喧宾夺主，不宜用力过猛。相对来说，在行动速度的把握上，无论是手势动作还是脚步移动，都应尽量与语言表达相协调，语速较快时动作也应相对较快，语速相对慢些时则动作也应慢一些或者不动。受语言艺术表现形式的影响，往往只有在情绪较为激昂或者表现愤怒、大喜、惊恐等较为浓重的感情色彩时语速才会较快一些，但这种情形在整篇稿件中往往是零星出现，大起大落、大开大合的情况不会是常态，因此在速度上诵读者的行动节奏是宜缓不宜急的。从行动的频率来看，如果一位诵读者每说一句话，就要有手势的动作跟随或者脚步的移动、身体的晃动，那么很容易分散自己和观众的注意力，因此，诵读时的动作主要出现在突出表现情感的地方、明确突出主题的地方以及重要的起承转合的节点上。从频率上来看，应该是宜疏不宜密的。从诵读者在台上的动作幅度来看，如果要有手势的动作，一般应配合情绪的起伏跌宕和声音的长短开合，如"君不见，黄河之水天上来，奔流到海不复回。君不见，高堂明镜悲白发，朝如青丝暮成雪"，这两句话中的"不复回"和"暮成雪"都是小的语段停延处，伴随着诗人对时间匆匆的感慨，声音往往伴随着情感而产生延长，那么这时候如果诵读者有手势的动作，亦可伴随声音的延长手势由内向外带出，这个幅度可以算是较大的幅度了，如果有诵读者只是象征性地做手势，如在胸前微微摊开或上下轻抬，也是自然协调的，这时更多的是个人的风格，但如果幅度过大，甚至带上脚步的移动来诵读这几句话，恐怕就不合适了，毕竟，作品才刚开始，无论是诵读者自己抑或是情感的调动程度，场下观众的被带入程度都还处于起始阶段，幅度过大则显得十分突兀。

三、中华经典诵读艺术的舞台调度与形体

经典诵读艺术是一种综合性的舞台艺术，它集语言、音乐、形体、灯光等多种艺术手段于一体，旨在通过朗诵者的声音、表情、动作、节奏、意境等元素来传达作品的思想情感，感染和打动观众。舞台调度是经典诵读艺术的重要组成部分，它主要负责朗诵者的站位、走位、手势、眼神等方面的调度，以确保朗诵的顺利进行和艺术效果的完美呈现。

诵读艺术的舞台调度是一门学问，作为语言表达的重要支

撑，它需要诵读者和舞台导演在设计和反复排练的基础上，根据作品的思想内容和艺术风格，精心设计和安排诵读者的出场方式、站位、走位、手势、眼神等要素，从而形成完整的、和谐的、富有感染力的舞台形象。诵读艺术的舞台调度主要有以下几个方面的内容。

一是诵读者的出场方式。朗诵者的出场方式常见的有以下三种：一是从舞台中央出场，一般也叫站定出场，这种出场方式较为庄重、大方，一人或多人根据各自承担的内容和身份定位设定好相应的位置，适用于比较正式的演出场合和多数诵读稿件。一般来说，无明显人物角色的合诵，一般以一字型居中均匀站开，如果人数略多或者舞台深处有两三层的阶梯，也可以以阶梯为辅助采用台阶上下站位，这样更有层次感，也便于之后向前继续走动。在条件允许的情况下，如果配合舞台灯光效果，诵读者依次出声，定点光依次点亮，会营造全场聚焦于说话者的效果，更易让观众沉浸其中。当有明确的旁白和人物身份设定时，也可以以中心为轴线，不同身份定位的诵读者各自站于舞台中轴线的两侧。二是从舞台一侧出场，这种出场方式比较灵活，适用于比较轻松的场合或者边走边说的上场方式，这种出场方式显得灵活、自然，语言节奏与脚步节奏相协调，给人以亲近松弛之感，如果配合现场追光效果，谁说话走位给谁追光，会从视觉上直接吸引观众的目光，达到一种隐性的互动效果。三是从台下出场，这种出场方式比较特殊，很少会用到，适用于朗诵者需要与观众进行互动的出场设计，营造一种更加接地气的、亲和力较强的氛围，现在已经很少采用了。

当然，这几种出场方式有时未必只能取其一，在某些诵读作品的呈现过程中，有时会有其他身份的人加入进来，也可以采用开始的人先站定出场，后面的诵读者从侧台出场的两种或几种出场方式相结合的方式来进行，要根据具体的作品文本内容而定。

二是诵读者的站位。诵读者的站位十分重要，它关系到诵者的形象和声音传播的效果。一般来说，诵读者的站位应根据作品的思想内容、自身的形体特点、情节的发生发展和诵读者的个人风格来确定。一是站立，站立是朗诵最基本和最常见的站位。诵读者应双脚分开与肩同宽，收小腹，收下巴，身体站直，重心平均分布在两只脚上，眼睛平视前方。这种站位是目前多数情况下诵读者会采用的诵读姿势，易于充分展示形象，调配气息，控制用声。二是侧立，侧立是朗诵中比较灵活的一种站位。诵读者应双脚分开与肩同宽，身体向一侧倾斜，重心放在后脚上，眼睛看向斜前方。这里说的侧立并不是肩膀完全正对观众席，多数情况下是微侧或者半侧较为适宜，且时间不宜过长，如果是完全侧身或将自己的侧面长时间朝向观众，会看不到本人的完整表情，而且不美观，易影响整体效果。三是坐式，坐式是诵读实践中相对比较少见的一种形体呈现方式。诵读者坐在椅子上，身体正直，双脚平放在地上，眼睛平视前方。这种情形往往适用于有明确的人物角色需要演绎，且一般是演绎较为年长的或者稿件中写到的身体不太方便的角色，另外，在一些诵读类的节目中，诵读嘉宾或者主持人也会以坐式呈现在节目当中，这种情况下坐式诵读会给观众一种十分亲近自然之感，营造一种仿佛诵读者就在观众（主要指电视机前或手机前的）面前一样的氛围，会给人以很强的代入感。

同样地，这里提到的几种主要的站位也不是说在一次诵读活动中就只能采用一种，也可以是几种站位方式相互结合，只要契合作品本身，契合诵读的现场环境和氛围，大可以相互组合、灵活设计。

三是诵读者的走位。朗诵者的走位是指朗诵者在舞台上的方位移动。朗诵者的走位同样应根据作品的思想内容和舞台的空间来设计，常见的有下面几种方式：一是向前走，向前走是朗诵中比较常用的走位。朗诵者应双脚交替向前迈步，身体垂直，走动时重心稍向前倾，眼睛平视前方。二是向后走，向后走是朗诵中比较少见的一种走位，这里有两种情形，一是倒退走，诵读者应双脚交替向后退步，身体正直，重心稍微向后倾，眼睛依然平视观众席。二是先转身，然后背对观众向后走位，这种情况往往出现在该诵读者的朗诵暂告一段落，但是又不是结束下场，只是暂时将舞台主要区域让出来给接下来的诵读者。这种方式要注意的是一定要等话音落后再转身走，而且最好是配合语言速度来把握之后放下话筒和转身的速度，要做到整体协调。三是向侧走，向侧走是诵读过程中比较灵活的一种走位，朗诵者应双脚交替向一侧迈步，身体正直，重心放在后脚上，眼睛看向斜前方。这种走位需要注意的是最好是先出声后迈出第一步，或者是说话与第一步同时进行，尽量不要先走位后说话（只是单纯完成走位除外），同样要注意步频与语速相互协调，不要说得快走得慢或说得慢走得快，否则都会直接影响观众的整体视听节奏。

这里需要说明的是，如果走位距离较长，那么诵读者一定要注意保持稳定性，尤其是气息的合理控制，受走动的影响，气息多多少少会有波动，这时尤其要保持肌肉的控制力。另外，不同的走位方式也是可以根据需要灵活组合，一切要依据具体稿件内容和舞台整体效果来设计。

四是诵读者的手势。诵读者的手势动作可以说是诵读时最重要也是最常用的副语言要素，它可以帮助诵读者更好地表达情感、渲染气氛以及增强语言的表现力、感染力。常见的有以下几种手势：张开双手：张开双手是诵读中比较常用的手势之一，诵读者应将双手自然张开，掌心向上，手指伸直靠拢但不宜过于用力造成十分僵化的手型，眼睛平视前方。合拢双手：合拢双手是朗诵中比较庄重的手势。诵读者应将双手自然合拢，掌心相对，手指并拢，眼睛平视前方。指向前方：指向前方则是诵读中比较有力量感的一种手势，往往适合表现有明确目标和方向感的内容，易带有某种强烈、鲜明的感情色彩。掌心向上：多用于表达热情、喜悦、开阔、无奈等色彩或场景。掌心向下：多用来表达严肃、权威、命令、否定和难过的色彩和情境。握拳：一般用以表达力量、决心和信念感较强的色彩。摊开手掌：一般表达诚实、坦率、无辜、无奈的色彩或情境。手指向自己：表达个人责任、自豪和自尊等与自身相关的一些感情色彩。手指向他人：表达指责、批评或威胁等色彩类型。手指交叉：多用于表达希望、祈祷、幸运或欺骗等的感情色彩。

　　上述只是几种常见的手势类型，还有很多其他类型这里不尽言，但不同的手势类型象征着不同的感情色彩，在使用时要注意速度、频率、幅度等方面的细节把握，诵读者应根据需要灵活恰切地运用。

第四章

中华经典诵读功能论

第一节　文化功能

中华经典诵读传承历史文化基因。在波澜壮阔的历史长河中，无数经典作品像璀璨的星辰，照亮了人类文明的天空。这些作品承载着丰富的历史文化信息，蕴含着深邃的哲理智慧，是人类智慧的结晶和文化传承的载体。中华文明源远流长，博大精深，创造了灿烂的文化遗产。这些文化遗产不仅包括物质文化遗产，更包括了极为丰富的非物质文化遗产，其中尤以语言文字、经典著作为代表。这些经典蕴含了民族的智慧和历史的记忆，是民族文化血脉的重要组成部分，通过诵读经典，可以使这些文化基因跨越时间和空间的限制，得以传承。正如习近平总书记所说："经典已融入中华民族的血脉，成了我们的基因。"不读历史不足以知世界，经典诵读，作为一种古老而有效的文化传播方式，不仅使得历史文化得以口耳相传，更是连接过去与未来，沟通个体与社会的重要桥梁。例如，诵读我国最早的诗歌总集《诗经》，可以让我们领略从上古到春秋时期，华夏大地尤其是古代中国北方地区的社会生活、风土人情和历史事件；诵读《史记》《汉书》《后汉书》《三国志》《晋书》《宋书》《南齐书》《梁书》《陈书》《魏书》《北齐书》《周书》《隋书》《南史》《北史》《旧唐书》《新唐书》《旧五代史》《新五代史》《宋史》《辽史》《金史》《元史》《明史》等"二十四史"，可让今天的我们概览自西汉以来两千多年（成书时间）的史学精华，这些中华民族的宝贵历史文化遗产记录了中国古代各个朝代的历史事件、人物传记、制度典章，为后世提供了丰富的史料，也为中华民族的文化认同和历史记忆提供了可靠的依据。同时，"二十四史"不仅是历史著作，也是文学经典。它以生动优美的语言、丰富的想象力，塑造了众多鲜活的人物形象，展现了中国古代社会生活的方方面面，其中许多文章，如《史记》中的《鸿门宴》《陈涉世家》等，不仅具有史料价值，也具有很高的文学价值，为历代文人所传诵。

中华经典诵读弘扬民族精神。一个民族的进步与发展，离不开对本民族历史文化的尊重和继承。中华经典诵读与弘扬民族精神之间存在着密切的关系，二者相辅相成，缺一不可。中华经典是我们民族文化的瑰宝，其中蕴含着丰富的民族精神内涵，是中华民族精神的源泉。弘扬民族精神则需要通过中华经典的诵读来实现。中华经典诵读可以帮助我们了解和传承民族文化，激发民族自豪感，增强民族凝聚力，从而弘扬民族精神。中华经典是中华文化遗产中最有价值和影响力的组成部分，是中华民族特色的具体体现。这些经典凝聚了中华民族几千年的智慧和经验，涵盖了哲学、历史、文学、艺术等各个领域，是中华民族精神的结晶。《论语》中所倡导的"仁""义""礼""智""信"等道德准则，对中华民族的道德观念产生了深远的影响；《孟子》中所宣扬的"民本"思想，体现了中华民族的民主传统；《史记》中所记载的民族英雄事迹，激发了中华民族的民族自豪感和爱国主义精神。通过诵读经典，口耳相传，可以实现从个体到全体，以点带面，形成良好的以口语传播中华文明的社会风尚，让更多人通过有声语言的形式了解和学习中华文化的精髓，加深对中华文化的理解和热爱。同时，中华经典诵读有助于激发民族自豪感和增强民族凝聚力。

当我们诵读《诗经》中的"周虽旧邦，其命维新"[1]时，我们会为中华民族的悠久历史而自豪；当我们诵读"路漫漫其修远兮，吾将上下而求索"时，我们会为中华民族的坚韧精神而自豪；当我们诵读"飞流直下三千尺，疑是银河落九天"时，我们会为中华民族的壮美河山而自豪；当我们诵读"王师北定中原日，家祭无忘告乃翁"时，我们会为民族英雄的忠诚勇武而感动……

中华经典诵读促进文化交流。在当今信息时代全球化背景下，中华经典诵读的范围绝不仅限于国内，也可以作为跨文化交流的桥梁。通过经典的诵读与分享，不同文化之间可以实现更深层次的理解与尊重。中华经典的文本不仅反映了中国古代的思想、文化和社会生活，而且也是汉字文化圈的共同记忆和精神遗产。近年来，中华经典诵读活动在全国各界掀起了广泛的热潮，这也使得越来越多的国内外学者、外国友人、留学生参与其中。以世界中文比赛"汉语桥"为例，从第一届到2020年"汉语桥"世界中文比赛二十周年，已有来自世界160多个国家和地区、超过百万的青少年，怀揣对中华文化深沉的热爱，踏上了这座联结心灵的桥梁。他们通过这座文化与语言的桥梁，共同见证并谱写了文化交流的绚烂华章，在世界的舞台上吟诵中华经典，传播中国的声音，致力于将中华文明的精髓推向世界，为促进全球人文交流和深化国际友谊作出了显著贡献。另外，教育部的统计信息显示，截至2021年底，中文已被联合国下属的十大专门机构，如联合国教科文组织、联合国粮食与农业组织和世界旅游组织等正式采纳为官方语言。在全球范围内，超过180个国家和地区积极开展了中文教育项目，其中

---

1 佚名：《诗经·大雅·文王》，骆玉明解注，三秦出版社，2018，第899页。

有76个国家把中文学习纳入了其国家教育体系。目前，除中文母语者，全世界有超过2500万人正在学习中文，累计学习和使用中文的人数接近两亿，这不仅展示了中文的全球影响力，也反映出世界各国对于中文语言和文化日益增长的兴趣。而中华经典诵读活动作为以有声语言为传播手段的文化交流方式，形式多样，传播便捷，同时具有鲜明的中华文化表征，已经逐渐在海内外留学生群体中形成具有较高国际影响力的文化品牌，这有助于提升中国的文化软实力，通过展示中国深厚的文化底蕴和独特的文化魅力，增强国际社会对中国文化的兴趣和认同。

第二节　教育功能

第一，经典诵读艺术的教育功能表现在文学经典本身就具有教化功能。文学经典作为人类精神文化的重要组成部分，在人类历史发展进程中发挥着至关重要的作用。经典滋养心灵，阅读浸润人生。文学经典不仅具有文化功能，还具有鲜明的教育功能。文学经典能够帮助人们认识世界，品读人生，丰富精神世界，提升道德情操。文学不仅是一种艺术形式，更是人类积累知识、洞察世界的宝贵途径。回想我们在初中课堂上接触到的屈原的《离骚》，那些生动的草木、鸟兽仿佛在眼前跳跃。我们见识了木兰、秋兰和薜荔等多样的植物香草。正如屈原所言："余既滋兰之九畹兮，又树蕙之百亩。"在这古老的诗句中，自然的丰富性和植物的奇妙性得以充分展现。诗中提及的薜荔，即是我们称之为木莲的常绿藤本植物，它的叶形椭圆，花朵虽小却生命力旺盛，人们可用其制作凉粉以解夏日暑热。由此可见，文学经典在我们对世界的理解中扮演着至关重要的角色。

文学经典也是认识社会的一个窗口。从各式文学作品中，我们不仅能汲取生活的智慧，更能从历史题材的著作中了解历史事件和社会常识。以曹雪芹的《红楼梦》为例，该书以封建社会晚期四大家族的兴衰为背景，深刻揭示了封建制度末期的危机。周汝昌先生盛赞《红楼梦》是"绝无仅有的'文化小说'"，是深入了解中华文化最有趣、最直接的方式之一。孔子曾提到诗歌有"兴、观、群、怨"四个功能，其中"观"体现了文学作品在社会认知中的作用。

此外，文学经典使我们得以认识自我。在阅读中，我们常在文学角色中看到自己的影子，文学提供了一个描绘人物心理活动的舞台，让我们得以洞察人物的内心世界。《三国演义》的策略与智慧，至今仍被视为商业与政治斗争的指导手册。鲁迅的《阿Q正传》则通过"精神胜利法"的讽刺，警醒我们对国民性的反思与自我批判。

文学经典还承载了教化的功能。中国人的道德观念很多受到文学作品的影响，如包公的正直无私、秦桧的奸邪，以及岳飞的忠贞爱国，在文学中得以体现，并通过这些故事对公众进行道德教育。然而，文学的教化作用也有其局限性，它不能取代法律的直接与强制性。

文学经典在现实社会中发挥着积极干预的作用。许多革命作家和同情大众疾苦的作家，他们的作品充满了批判现实的热情，旨在改变社会，揭露黑暗。他们的武器不是枪炮，而是笔，这是一支记录黑暗、战斗与承载血泪的笔。鲁迅的一生就是中国革命文学传统的典范。

可以说，文学经典通过我们的情感体验，直接作用于我们的灵魂，塑造我们的人格。而严肃文学作品，尤其具有这种直接影响力。文学的形式多样，从通俗文学到纯文学，再到严肃文学，每一种都在不同程度上影响着我们的认识和行为。

第二，经典诵读艺术的教育功能表现在诵读艺术可以将文学经典的思想内涵以点对面、以一对无数的方式无限地传播出去，形成全社会乃至全世界范围内的迭代传播。

在快节奏的现代生活中，朗诵艺术以其独特的魅力和传播功能，不仅丰富了人们的精神文化生活，而且实现了对文学经典的传播和普及。首先，朗诵艺术是文学作品的声音展现。它通过诵读者的口述，使得文字因获得声音的维度而变得生动起来。经典诵读可以赋予文字以情感，使得抽象的文字具备了感染力，能够触及听众的心灵。在这种传播过程中，诗歌、散文、小说等文学形式的美好意象和深刻情感被更加直观地传达给听众，架起了文学作品与普通大众之间的一座桥梁。其次，经典诵读艺术也是文化传承的重要方式。在诵读活动中，诵读者不仅仅是在传达一个故事，更是在表现一个时代的语言风格和文化特色。例如通过传统经典的朗诵，可以让现代人感受到古代文学的韵味和历史的厚重。诵读艺术已经成为连接过去与现在乃至未来的文化纽带，对于保护和发扬民族文化具有不可替代的作用。再次，经典诵读艺术是情感交流和实现教育目的的重要工具。通过诵读经典作品，诵读者与听众之间建立起一种特殊的情感联系，这种联系超越了文字的直接含义，触发了更深层次的思考和共鸣。尤其在教育领域，经典诵读可以作为一种教学手段，促进学生的语言表达能力、审美能力和文化素养的提升。最后，经典诵读艺术在现代社会的传播功能还体现在其技术的融合和创新上。随着互联网和多媒体技术的发展，诵读可以通过电台、电视、网络平台等多种媒介进行传播，覆盖面更广，影响力更大。同时，诵读与音乐、影视、舞蹈等其他艺术形式的结合，也为诵读艺术的传播拓展了新的路径，吸引了更多年轻人的关注，并且在地域、年龄、职业等多维度实现了迭代传播，成为一种跨越时空的艺术桥梁，不论是在传统的舞台上，还是在现代的数字媒体中，经典诵读都展现出了其不朽的魅力和价值。在未来，经典诵读艺术将继续以更加多元和创新的形式存在，为人类的精神世界带来更多的光彩。

第三，经典诵读艺术的教育功能也表现在提高人们的道德水平和思想情操上。在喧嚣浮躁的现代社会中，人们的精神世界往往面临着种种挑战与诱惑。经典诵读，这种古老而又充满魅力的艺术形式，以其独特的表现力和感染力，成为连接人类情感与智慧、提升道德和思想情操的桥梁。无论是诵读者本人还是受众，在参与到经典诵读艺术的过程中，都会不自觉地对作品中的至理名言和优美语言留下深刻的印象。经典诵读潜移默化、润物无声，对人的思想品德的陶冶会起到意想不到的效果，"大道之行也，天下为公。选贤与能，讲信修睦，故人不独亲其亲，不独子其子，使老有所终，壮有所用，幼有所长，鳏寡孤独废疾者皆有所养，男有分，女有归。货恶其弃于地也，不必藏于己；力恶其不出于身也，不必为己。是故谋闭而不兴，盗窃乱贼而不作，故外户而不闭，是谓大同。"[1]诵读者通过深情的表达，将这些智慧以声音的形式传递给听众，使其在潜移默化中接受道德熏陶，提升自身的道德标准，学校和社会也应当充分认识到诵读艺术在道德教育和思想建设中的作用。通过举办经典诵读比赛、读书分享会等活动，鼓励人们诵

1　戴圣：《礼记》，王学典译，江苏凤凰科学技术出版社，2018，第216页。

读经典，感悟人生，同时结合现实生活中的道德案例，引导人们思考和讨论，在实践中培养人们的道德判断力和道德行为能力。

第四，经典诵读艺术的教育功能还表现在全面提升人的语言表达能力。这里说的语言表达能力，一方面是指口语能力，另一方面则是指书面语写作能力。

经典诵读艺术通过声音来表达文学经典的思想内容和情感，它要求诵读者具备良好的语音、语调掌控能力和丰富的情感表达能力，这些能力与口语表达的要求高度契合。首先，经典诵读艺术可以训练发声与发音的准确性。诵读要求发音准确、清晰，这对提升口语中的字词发音有显著帮助，对照名家诵读作品来进行系统性的诵读练习能够帮助人们纠正发音错误，提升语言的规范性和准确性。其次，它可以提升语言表达的流畅度与连贯性。在诵读过程中，掌握适当的停顿、节奏和连贯性对传达文意至关重要，而决定语言表达自然顺畅的前提是诵读者高度活跃的思维反应和逻辑能力，这种训练有助于提高人们在口语中的思维逻辑和语句的畅达，使得日常口语表达更加流畅自然。最后，经典诵读活动中，通过对如面部表情、身体动作、形体体态等非言语因素的练习，可以增强个人在日常口语交流中的非言语表达的配合协调能力，显著提高口语沟通的有效性和个人形象气质。

经典诵读艺术不仅仅是一种舞台表演艺术，更是提升书面语写作能力的有效途径。因为在形之于声之前，诵读者首先需要做的就是对文学经典文本的深入理解，在反复的诵读实践中，诵读者的文本理解力、语言敏感度、记忆力、想象力以及节奏感和韵律感都会获得相应提升，这些方面的丰富体验也会形成反作用，让诵读者在进行书面语的写作时如同演奏一曲优美的乐章，让文字跳跃于纸上，表达出更加丰富和深刻的内容。当今是信息爆炸的时代，有效表达思想变得尤为重要。书面语写作是表达思想、交流信息、记录知识的重要手段。而经典诵读艺术，作为语言表达的一种形式，它在提升个人的书面语写作能力方面起到了不容忽视的作用。诵读艺术是以口语的形式，把文字内容表达得淋漓尽致，它要求诵读者不仅要理解文本的字面意思，还要把握文本的情感色彩和节奏韵律。这种对文本深度解读的能力，恰恰是提升书面写作能力的重要基础。首先，朗诵艺术能够提升个人的文本理解力。诵读时，我们不得不去深入文本，理解其背后的情感和作者的意图。在这个过程中，我们学会了从不同的角度解读文字，这种解读能力同样适用于写作。理解力的提升有助于我们在写作时更准确地把握主题，更深入地展开论述，从而提高写作的针对性和说服力。其次，诵读时诵读者对词汇的选择、语气的变化、停顿的掌握等都需要极高的语言敏感度。这种对语言细节的把控能力，在写作时也同样重要。写作不仅仅是信息的堆砌，更多的是通过语言的艺术性来吸引读者。词汇的丰富性、句式的多样性以及语气的适当变化，都能让写作更加生动和有力。再者，诵读艺术能够增强个人的记忆力和想象力。在诵读的过程中，诵读者往往需要记忆大量的文本内容，这无疑也锻炼了人们的记忆力。而对文本内容的情感表达，则需要想象力的辅助，让抽象的文字变得形象生动。记忆力和想象力恰是写作中不可或缺的能力，想象力使我们能够创造出更为生动的场景和形象，记忆力则帮助我们更好地储存和调用语言素材。最后，诵读艺术培养了人们的节奏感和韵律感。好的写作往往具有音乐性，能像美妙的旋律那样流淌在读者心中。诵读艺术中的节奏韵律训练，使得我们在写作时能更好地把握文章的节奏，运用各种句式和段落结构来调动文章的节奏和韵律，使文章更加富有魅力。

第五，中华经典诵读关乎民族精神。我们当前的使命是激发年轻一代的热情，让他们重新发现那些似乎已被边缘化、不再位居潮流前沿的经典文学，以及那些他们可能觉得"枯燥无味"的传世之作的独特魅力。我们要探究是什么让这些作品跨越时代的界限成为经典，以及是什么导致了它们在现代的相对"默默无闻"。在当代社会，年轻一代与鲁迅、郭沫若、茅盾，巴金、老舍、曹禺等文学巨匠的作品日渐疏远，而张爱玲、周作人、徐志摩等作家的作品却在年轻读者群体中崭露头角，享有广泛的人气。这种变化在一定程度上会对青少年的价值观塑造产生影响。这并非是质疑张爱玲等人的文学成就，作家的个性和风格构成其创作的灵魂，而这灵魂的内核应当是对家国的深切关怀与道德担当。当前年轻读者的偏好变化一定程度上反映了社会风气，另外，网络文学的兴起、文化消费主义和快餐文化的泛滥导致年轻人在文学选择上显得颇为迷茫。文化消费主义的流行和美国娱乐文化的渗透使得本土读者与传统文学典籍渐行渐远。2013年，广西师范大学出版社对青年读者的一项调查结果显示，《红楼梦》竟成为最难以坚持阅读的作品之一，这种现象令人深感忧虑。如果我们未能从小培养阅读经典的习惯，反而沉溺于追求感官刺激和娱乐至上的流行文化，那么不仅民族的文学瑰宝将面临传承危机，世界文学经典也将逐步淡出我们的生活。这不仅不利于培养年轻一代的审美观和价值观，还可能削弱家国情怀、民族认同和社群凝聚力。从某种意义上讲，文学经典是承载民族审美的宝船，而伟大的中华文化则是这艘宝船的航海图。两者互为依托，缺一不可。然而，娱乐化和快餐化的潮流导致青少年对经典文学"不屑一顾"，这也决定了网络作家们不可能像曹雪芹创作《红楼梦》那样，有经过十年打磨、五次修订的精益求精。因此，振兴经典文学阅读与诵读、重塑文化价值的任务刻不容缓。

　　中华经典诵读是一项艰巨的文化工程，对于弘扬民族精神意义重大，我们要解决的不仅仅是让年轻人认识到经典的价值，更要让他们理解，这些作品之所以能够跨越时代、跨越文化，成为人类文化遗产的一部分，是因为它们在某种程度上触及了人性的共同点，反映了历史的深层次动态，展现了艺术的极致美感。经典作品之所以"经典"，不仅在于它们的艺术成就，更在于它们能够激发读者的思考，与读者的内心产生共鸣，即使在今天，这种共鸣仍然具有强烈的时代意义和现实关联。经典化过程是作品在长时间的传播和筛选中逐渐被公认为经典的过程。这涉及文化传承、教育体系、批评界的评价，乃至社会心理和集体记忆的共同作用。然而，随着时代的变迁，一些经典作品可能会逐渐失去原有的光环，成为所谓的"非经典"，这个过程往往与社会价值观的变化、阅读习惯的演进以及新的艺术形式的出现有关。要想促使年轻一代重新发现经典作品的魅力，关键在于创新教育方法和传播方式。当前，中华经典诵读活动在全国推广传播开来，下一步，中华经典诵读活动完全可以借助现代技术，如多媒体互动、社交媒体平台的力量，以及最新的诵读理论，来重新解读经典，使之更加符合现代语境，更易于被年轻人接受。同时，通过举办中华经典诵读专题讲座、研讨会以及推广会等形式，让年轻人在诵读活动的交流讨论中领悟经典作品的内涵，从而在他们心中种下发现经典文学之美的种子，让这些作品在新的时代背景下焕发新的生命力。

第三节　审美功能

中华经典诵读艺术的情感之美。经典诵读不仅是语言文字音声化的一种表现形式，也是诵读者内心情感与精神追求的外化。同时，经典诵读艺术的情感之美，如春风拂面，润物无声，它能够穿透日常生活的喧嚣，触及人们心灵最柔软的部分，唤起共鸣，引发受众的思考。

中华经典诵读的情感之美体现在诵读作品的文本内容之中。经典文学作品的情感无处不在，它或如春风拂面，细腻温婉，或如秋雨绵绵，深沉凄凉。它能在一草一木间展现，也能在一波一折的故事里流转。以诗词为鉴，唐诗的洒脱、宋词的婉约，皆是情感之美的绝佳体现。李白的"床前明月光，疑是地上霜"潇洒自如，透露出诗人内心的超然与潇洒；苏轼的"但愿人长久，千里共婵娟"流露出一种对亲人深深的思念和祝福。那份情，跨越了千年的时空，依然让人心生共鸣，感受到超越了物质世界的情感纽带。小说也毫不逊色，以《红楼梦》为例，曹雪芹细腻地刻画了贾宝玉与林黛玉的爱恨情仇，以及贾府上下的人情冷暖。那份深厚的家国情怀与个人的爱情悲欢，在文中交织成为一幅幅动人心魄的画卷。宝玉对黛玉的情感细腻而深沉，两人的情感纠葛不仅仅是青梅竹马的简单爱恋，更蕴含了对人生、命运的深刻思考。戏剧文学中的情感之美，则是更为直接而生动的表现。《牡丹亭》中杜丽娘对梦中情人的渴望，以至于化蝶重生，那种对爱情至死不渝的追求震撼人心；《西厢记》中崔莺莺与张生的相思，那份对爱情的坚贞不渝，展现了一种至纯至真的情感追求。诵读者的声音承载着这些作品的喜怒哀乐、悲欢离合，让读者能够身临其境地感受到作者的情感世界。中华经典诵读的情感之美如同一条纤细的丝线，穿梭于诵读者的音声之间，连接着每一个故事、每一个场景、每一个角色，让文学作品不仅仅是冰冷的文字，而是有温度的声音，是跳动的心灵，构筑了中华民族丰富的情感世界，也成为我们共同的文化记忆和精神家园。

中华经典诵读艺术的声音之美。在琅琅的书声中，有一种力量，能穿越时空，触动心灵，那就是诵读艺术的声音之美。声音，作为人类情感和智慧的载体，通过诵读艺术的形式，更是显现出它独特而深远的影响力。诵读艺术是一种综合性的口头表达艺术，它依托于文字和语言，借助声音的抑扬顿挫、节奏快慢、音量高低和情感表达，将文字中蕴含的思想感情和文化内涵，以声音的形式传递给听众。在这一过程中，声音的美感成为评判诵读艺术高低的重要标准。首先，诵读艺术的声音之美体现在其音色上。每个人的声音都有其独特的音色，如同乐器一般，有的清脆如琴，有的浑厚如鼓。诵读者通过调整呼吸和发声技巧，可以使声音的音色更加丰富和动听。在诵读古文诗词时，音色的美可以增添文本的古韵和韵味；在诵读现代文学作品时，音色的变化则可以增强语言的表现力，使得作品更加生动。其次，诵读艺术的声音之美体现在其节奏上。诵读如同音乐，有其独特的节奏感。诵读者通过掌握诵读的速度、停顿的长度，以及语句的起伏，能够营造出不同的节奏美。这种节奏不仅能够吸引听众的注意力，还能够帮助听众更好地理解和感受文本内容。节奏明快，轻盈之美：有些文章的节奏明快，轻盈灵动，就像春天的小溪，*潺潺流淌*。这种节奏，诵读起来让人感到轻松愉快，赏心悦目。例如，在诵读朱自清的《春》时："园子里，田野里，瞧去，一大片一大片满是的。坐着，躺着，打两个滚，踢几脚球，赛几趟跑，捉几回迷藏。风轻悄悄的，草软绵绵的"，就要读得轻快明朗，节奏明快。这样，更易表现出作者盼春时人与自然的亲近之感。节奏舒缓，悠扬之美：有些文章的节奏舒缓，悠扬婉转，就像秋日的私语，让人沉醉其中。这种节奏，读起来让人感到宁静平和，心旷神怡。例如，在诵读苏轼的《水调歌头》时，"转朱阁，低绮户，照无眠"一句，就要读得含蓄悠长，节奏舒缓。这样才能表现出诗人此时思念着远方分别已久的兄弟苏辙一家，心中不免感到很多怅恨。节奏急促，激昂之美：有些文章的节奏急促，激昂慷慨，就像战鼓擂动，催人奋进。这种节奏，读起来让人感到热血沸腾，斗志昂扬。例如，在诵读毛泽东的《七律·长征》时，"红军不怕远征难，万水千山只等闲"一句，就要读得坚定激昂，节奏明快。这样，才能表现出诗人对祖国大好河山的赞美和对英雄豪杰的敬仰。节奏自由，变化之美：有些文章的节奏自由灵活，变化丰富，如山间的溪流，时而奔腾咆哮，时而潺潺流淌。这种节奏，读起来让人感到新奇有趣，赏心悦目。例如，在诵读白居易的《琵琶行》时，全诗从内容上可以分为四部分，分别是出场、演奏、讲述身世、感怀共鸣，伴随着内容上的不同尤其是起伏跌宕、行云流水的演奏过程，诵读节奏亦是与情境、情感、情态相匹配，其节奏上的高低抑扬、明暗快慢、虚实交替这些变化既是自由的，也是有依据的，诵读起来绘声绘色，惟妙惟肖，出神入化，引人入胜。诵读艺术的声音之美，不仅仅是声音本身的美感，更是文化传承的桥梁和情感交流的媒介。在数字化、碎片化的现代社会，诵读艺术的声音之美提醒我们，要珍惜并传承这种能够触及灵魂深处的传统艺术形式。通过声音的美，我们可以跨越语言的界限，感受不同文化之间的交流与融合，体验共通的人性之美。

中华经典诵读艺术的审美教育功能。中华经典诵读活动在提升人们对语言艺术的审美感受力、审美鉴赏力和审美创造力方面具有重要意义。审美感受是个体在接触美的事物时所产生的直接感受和情感体验，审美感受力是以感知觉器官为触点但高于感知觉的一种更高级的对美的感受能力。在经典诵读艺术中，诵读者通过对文本的深刻理解，将内心的情感通过声音的抑扬顿挫传递给听众。这种声音的力量不仅能够触动听者的情感，还能够激发他们对文本深层含义的感知。诵读艺术通过其独特的表现形式，增强了人们对语言美的直观感受，使得抽象的文字变得生动而有情感色彩，从而提高个体的审美感受力，一般来说，这种审美经验越丰富，听高水平的诵读作品越多，人的审美感受力就越强，而且更加侧重于语言艺术的审美感受力。审美鉴赏力是指个体对艺术作品美学价值的认识、理解和评价能力。经典诵读艺术不单单是文字的复述，它涉及对作品风格、节奏、氛围等多方面的把握。通过诵读艺术实践，听众在欣赏诵读作品的过程中，能够逐渐建立起对语言艺术的深层次理解，学会从声音变化、语调运用、情感表达等角度去鉴赏和评价诵读作品，这种鉴赏过程实质上是对听众审美鉴赏力的一种培养和提升。审美创造力是指在审美活动中创造出新的审美对象、审美形式或审美理念的能力。经典诵读艺术要求诵读者对文本进行自我理解和再创造，这不仅仅是对原作的忠实演绎，更是在此基础上赋予了原作新的情感和生命。诵读者在理解文本的同时，还要根据自己的情感经验和对作品的理解，创造出独特的诵读风格。这种个性化的表达，实质上是审美创造力的体现。同时，听众在欣赏过程中也会受到启发，产生对语言艺术的新理解，进而激发自身的创造欲望和创作动力。

第五章

中华经典诵读
的实践与推广

第一节　学校语文教育中的诵读实践

在西方国家，经典诵读可能更多地体现为对西方文学经典的学习和朗诵，比如莎士比亚的戏剧、古希腊罗马的史诗，以及其他文学大师的作品。许多学校通过戏剧俱乐部、文学社团和公开的诵读活动，鼓励学生接触并表演这些经典。在中国，经典诵读活动一直是我们教育体系中非常重要的一部分。近年来，各级学校鼓励将经典诵读纳入日常教学活动中。这些经典作品通常包括中国古代的诗词、历史经典等，有时也会包括一些现代诗歌和文学作品。这类活动不但能帮助学生学习语言和文学知识，还能够培养他们的文化素养和审美情感。随着科技的发展和现代教育理念的变革，经典诵读的形式也在逐渐发生改变。一些学校开始尝试结合多媒体工具，比如使用视频、音频和互动软件来辅助诵读活动，使学生在更具互动性和感官性的环境中学习经典作品。此外，也有教育者提倡更多地关注学生的个人兴趣和选择，不只是局限于传统意义上的"经典"，而是包括更多元化的文本选择。

中华经典诵读包含朗诵、朗读等不同的表现形式，我们在第二章已经进行了具体的论述，这里主要探讨朗读在语文教学中的作用和实践形式。

朗读在当前语文教学尤其是义务教育阶段发挥着重要的作用。第一，朗读可以帮助学生提高语言表达能力，学生可以学习如何正确发音，掌握正确的语调和节奏，并学会用情感来表达诗歌或文章的思想感情。第二，朗读可以帮助学生加深对诗歌或文章的理解。"书读百遍，其义自见"，通过朗读，学生可以反复思考诗歌或文章的含义，并通过朗读来表达自己的理解。这样，可以帮助学生更好地理解诗歌或文章的思想感情，并提高他们的理解能力。第三，朗读可以激发学生的想象力和创造力，在朗读作品的过程中，学生可以更容易进入诗歌或文章所描绘的意境，并依靠自己的想象力来补充和创造，这样，可以帮助学生激发他们的想象力和创造力，并提高他们的审美情趣。第四，通过朗读，学生可以接触到各种各样的经典文学作品，了解不同的社会背景、文化制度和作者的思想感情，帮助学生开阔视野，增长知识，并提高他们的文化素养。

在语文教学中应注意的是，朗读是一种教学手段，应按需要而使用，不可为了读而读、为了数量而读、为了完成任务而读。朗读一方面应配合教师的教学目标及学生对课文的掌握程度来进行，另一方面应要求学生以传神的语气、鲜明的节奏、饱满的情感、恰当自然的副语言等来朗读课文，以达到声情并茂、情声和谐的境界。从长远的眼光和更高要求看，语文课堂上的朗读可以逐渐由实用性的语文训练提升到艺术表演的较高层次。从教师教学角度来看，利用课堂朗读，可以训练学生的聆听、理解、听说或听写等能力，如可要求学生在朗读后说出或写出文章或段落的大意及中心思想。

语文教学中常见的朗读的实践形式大概包含范读、单人读、齐读、分角色读、领读、伴读和引读等七种主要形式。范读是示范性的朗读，通常由教师或朗读得特别好的同学进行范读后再由其他同学来朗读。单人读包括自由读、轮读、接续读和点名读等多种。齐读是指全班或分组一起读。分角色读是一种形式感更强、更易让学生进入原作者的创作内容和意境中的朗读方式，也易于加深学生对课文内容的理解和体会。领读是由教师或朗读得特别好的同学带领其他学生朗读。伴读一般是由一个读得较好的同学带着一个读得较差的同学读，通过一段时间的领读和伴读，往往可以提高学生的整体朗读水平。引读是在学生诵读课文时，教师根据教学要求和文章的写作特点，在关键性的地方点拨一下，引导朗读，学生在老师的提纲挈领下，经过思考理解，达到口读心传的效果，引读的方式包括提示、提问、插叙等，能够提高朗读教学的主动性和积极性。

在语文教学中，教师在指导学生朗读时必须首先估量学生的情况，配合不同教学阶段的要求，做出相应的指导。从准备上看，一是认识课文阶段，教师应针对学生的具体情况，适当地进行一些朗读前的准备活动，如解释词语和提问内容等，使学生了解课文内容，掌握字词的正确读音。二是分析课文阶段，教师指导学生深入理解课文，既要掌握文章的基本内容，也应能概括文章的重点，这样在朗读时，便可以准确地把作者的思想感情表达出来了。

在一次朗读活动结束后，教师除纠正学生必要的读音错误外，应联系学生已有的知识和经验，结合篇章内容，通过指导和引导，例如提问、提示、图示等方法，让学生领略篇章的重点，再利用关键点展开，并引导学生找出关键点与其他要点的关系，然后要求他们用适当的语调及速度朗读课文。另外，教师也可以用录音或录像的形式记录及对比两个阶段的朗读效果，以考查学生对篇章的理解情况。对于高年级的学生，教师可以先让学生合上书本，细心聆听教师朗读全文，以诱发学生的兴趣，在指导学生朗读后，通过提问讨论，以了解学生所理解的程度和层次。

我们一般从两个方面来衡量学生对篇章理解的效果：一是

内容的掌握情况，即能用恰当的语调及语速表达篇章的思想内容，并能运用声音以突出篇章的重点。二是篇章结构的掌握情况，即能用声音的变化及停顿，区分篇章的内容层次。教师在指导学生朗读时应注意下列要点：第一，培养学生在理解的基础上朗读。学生要充分理解课文内容，掌握中心思想，如果事前毫无准备就会缺乏信心，失去朗读的兴趣；第二，应当充分发挥学生学习的主动性和积极性，鼓励学生参与，并结合其已有的知识和生活经验。如果让学生盲目模仿自己的朗读方式，单从音调上模仿，会造成思想感情的脱节。学生个人的理解程度不同，在文章的领会上会有差别，朗读时情感的浓淡分寸也会有差异，教师不必在这方面严格加以规限，只要把握好总体基调即可；第三，当学生缺乏某种体验时，教师要善于引导，启发他们从以往的类似事件中去联想，这有助于发挥其想象力和创造性。

第二节　中华经典诵读相关赛事活动简介

一、中华经典诵读工程

2007年，教育部、国家语委开始举办以"雅言传承文明，经典浸润人生"为主题的"中华诵·经典诵读大赛"。该比赛迅速得到全国各地语委、学校以及社会各界的大力支持，获得圆满成功。

至2010年，"中华诵"逐渐发展为包括"中华诵·经典资源库"建设、传统节日诵读活动和群众参与的诵读活动三大部分的系列活动品牌。

2018年，为深入贯彻习近平新时代中国特色社会主义思想和党的十九大精神，落实中共中央办公厅、国务院办公厅印发的《关于实施中华优秀传统文化传承发展工程的意见》，教育部、国家语委组织实施中华经典诵读工程。

中华经典诵读工程以举办全国性大型活动，建设校园诵读品牌，组织"送经典下基层"活动，开展中国节庆日诵读活动，打造多媒体传播平台，建设中华经典诵写讲基地，加强诵写讲师资队伍建设，构建经典诵读课程和教材体系，建设中华经典优质学习资源，加强港澳台地区语言文化交流合作，加强中华优秀语言文化海外传播等为重点任务；以坚持中央统筹与地方落实并重、坚持基础建设与创新发展并重、坚持学校教育与社会参与并重、坚持活动引领与机制建设并重、坚持传承普及与传播交流并重为主要基本原则；大赛以诠释中华优秀文化内涵、彰显中华语言文化魅力、弘扬中国精神为目标，旨在提升社会大众特别是广大青少年的语言文字应用能力和语言文化素养，激发其对中华经典的热爱，营造爱读书、读好书、善读书的浓厚氛围，助力建设全民终身学习的学习型社会、学习型大国。

2018年至2023年已经成功举办了五届中华经典诵写讲大赛，诵读大赛由各省（区、市）和新疆生产建设兵团教育（语言文字工作）部门，以及各部属及部省合建高校组织赛区初赛。各省级教育（语言文字工作）部门根据实际情况自行确定组织方式，选拔推荐入围复赛作品并上传官网，赛区管理员在官网确认被推荐作品。该比赛包括初赛、复赛、决赛和展示四个主要阶段，分为小学生组、中学生组、职业院校学生组（含中职、高职学生）、大学生组（含研究生）、留学生组、教师组（含幼儿园在职教师）及社会人员组（鼓励家庭成员组队），共7个组别，至2023年第五届中华经典诵读大赛，全国33个省市的参赛选手人数达百万人。

同时，教育部和国家语委联合开设了"中华经典诵读工程官方网站和微信公众号"。据中国教育在线《2019年中国语言文字事业和语言生活总体状况》统计，截至2020年，网站页面浏览量超过了5700万人次，微信公众号的关注人数也达60万以上，在2020年取得了优异的传播数据。

2023年12月22日，备受瞩目的《中华经典诵读大会》（第一季）落下帷幕，这场由中央广播电视总台央广网独家策划的大型文化展演活动，以其深入人心的内涵和精彩纷呈的表现形式，吸引了来自全国各地的诵读爱好者和广大观众。数据显示，活动吸引了累计超10万人报名，全网触达量突破5亿人次，相关话题多次登上热搜，活动累计共推出40余场直播，发布近6000条内容，包括600多条短视频，内容涵盖全国总展演活动精彩瞬间、嘉宾诵读、专家点评、优秀选手作品展示等内容，不仅全方位提升了广大受众对活动的认知和关注度，也获得了活动报名人数的有效转化。[1]《中华经典诵读大会》扎根民间，根植泥土，挖掘、释放民间文化创造热情、动力，不设门槛，无年龄、职业限制，打造群众舞台，自下而上引导全民诵读心中的经典，让传统文化深入百姓生活。在展演活动现场，朗诵艺术家陈铎，中央广播电视总台主持人方亮等多位领读嘉宾进行诵读展示。其中，陈铎现场朗诵《乡愁》，感情真挚、让人

---

1 李磊：全网触达超5亿人次！总台央广网这档IP是如何破圈的？2024年1月18日，https://news.cnr.cn/dj/20240118/t20240118_526561967.shtml，访问日期：2024年1月18日。

回味；陆洋现场朗诵《念奴娇·赤壁怀古》，激情澎湃、回肠荡气；蒙曼、李梓萌、春天姐姐等领读嘉宾在线上的朗诵视频同样引发共鸣，带着大家一起走入中华经典文化的"百草园"深处。《中华经典诵读大会》立足大众，推陈出新，彰显了受众关怀、创新精神、责任担当。不仅为广大诵读爱好者提供了一个展示才华的舞台，也为传统文化的传承和发展注入了新的活力。

二、"齐越节"

"齐越节"全称为"齐越朗诵艺术节暨全国大学生朗诵大会"，创办于1996年，由中国传媒大学播音主持艺术学院主办。齐越朗诵艺术节旨在纪念齐越先生等老一辈播音艺术家，传承发扬以"齐越精神"为代表的新中国播音事业的优良传统。艺术节每届设立一个主题，通过朗诵比赛、朗诵讲座、朗诵展览等多种形式，展示朗诵艺术的魅力，培养朗诵人才，弘扬朗诵艺术，传承中华语言文化。1997年，以"永不消逝的声音"为主题的第一届"齐越节"拉开了帷幕。除了在校内小礼堂进行正常的预选赛，还开展了许多校外的相关活动。其中，最令人印象深刻的是清明节前往河北沧州姜庄子村——齐越老师曾经劳动过的地方，接受革命教育。在颁奖晚会上，当94级的白钢同学深情地喊出："齐老师，我们看您来了，我们是您未曾谋面的学生"时，现场的所有观众无不为之动容。最终，白钢同学的自创作品《缅怀齐越教授》荣获了一等奖。

2004年6月，第七届齐越朗诵艺术节期间，成功举办了首届中国大学生朗诵大赛。自此，朗诵大赛成为"齐越节"中最引人注目的赛事，并逐渐发展成为具有较高影响力和广泛参与性的全国大赛。大赛不设主题，旨在在青年学子中发掘朗诵人才，弘扬朗诵艺术，传承中华语言文化。自创办以来，齐越朗诵艺术节已成功举办了二十多届，吸引了来自全国各地的众多朗诵爱好者参加。"齐越节"在社会各界引起了广泛关注，得到了广泛赞誉，成为国内外朗诵艺术界的重要盛会。

2012年12月第十四届"齐越节"更名为"齐越朗诵艺术节暨全国大学生朗诵大赛"。

2013年12月第十五届"齐越节"确定由中华人民共和国教育部、国家语言文字工作委员会主管，教育部语言文字应用管理司、中国传媒大学主办，中国传媒大学播音主持艺术学院承办，并更名为"齐越朗诵艺术节暨全国大学生朗诵大会"。

2023年，中国播音主持高等教育60年纪念大会、第二十五届齐越朗诵艺术节暨全国大学生朗诵大会展演于11月18日晚圆满落下帷幕。该届大会由教育部语言文字应用管理司、教育部关心下一代工作委员会指导，国家语言文字推广基地（中国传媒大学）、中国高等院校影视学会主办，中国传媒大学播音主持艺术学院、中国高等院校影视学会播音主持专业委员会承办。

在艺术节期间，还会举办复赛、文学讲座、名家名篇朗诵会、决赛、中国高校影视学会播音主持专业委员会学术研讨会（学术论坛）等，历时半个月。目前受邀请参加的高校有百余所，旨在通过比赛、研讨会、名家表演等形式传承中国语言文化，增进有声语言专业教育的学术交流，展现我国青年学子朗诵艺术的最高水平。

三、"夏青杯"

"夏青杯"，全称为"夏青杯朗诵大赛"，是由中央人民广播电台主办的朗诵大赛，创办于2010年，以新中国第一代著名播音员夏青的名字命名，以此促进朗诵艺术的普及、发展，挖掘、培养播音主持人才。

第一届"夏青杯"设立特别奖和一、二、三等奖，由中央人民广播电台副总编辑李国君、中国话剧院一级演员曹灿、中央电视台播音指导敬一丹担任监委团成员，由中国传媒大学教授博士生导师张颂、北京人民广播电台总台长博士生导师汪良、中央电视台播音指导沈力、中央电视台播音指导赵忠祥、中央人民广播电台播音指导铁城、中央电视台主持人陈铎、中央人民广播电台播音指导雅坤等11位专家学者担任评委团成员。第二届"夏青杯"开始设立成人组和少年组两个组别，奖项设立一、二、三等奖和最佳语言表达奖、最佳舞台表现奖等五个单项奖及优秀奖若干。

"夏青杯"朗诵大赛每两年举办一届，截至2017年成功举办了五届，得到了社会各界的广泛参与和高度赞誉。首届大赛在全国20多个省市设置了分赛区，收到参赛作品近万件；第二届大赛在全国设置了55个分赛区，并首次设立网络分赛区，大赛分为成人组和青少组，共有1.6万人参赛；第三届大赛在全国设置了61个分赛区，共有来自全国各地乃至海外的5.3万人参赛。第四届大赛在全国设置了77个分赛区，共有约16万人参赛。四届大赛累计约有24万朗诵爱好者参与了这场语言盛事。[1]

---

1 丹婷艺校：【童小星】恭喜我们的三位童小星冲进"夏青杯"杭州总决赛！！！2017年7月9日，访问日期：2024年1月19日。

四、"曹灿杯"

　　"曹灿杯"是专业服务于青少年儿童的语言艺术交流展示平台，以我国著名表演艺术家曹灿先生的名字命名，秉承曹灿先生"返璞归真、道法自然"的理念，培养青少年儿童"好好说话、自信表达"的语言交流能力，旨在提升青少年儿童的综合素养，传承优秀传统文化，增强文化自信。2015年，中国诗歌协会朗诵演唱专业委员会与北京语言学会朗诵研究会联合推出"曹灿杯"全国首届朗诵大赛，此后每年一届，截至2024年，已经成功举办了十届。目前活动遍布国内400多个地市，每年有300多万青少年儿童踊跃参与。

　　首届"曹灿杯"邀请了中国诗歌学会朗诵艺术专业委员会主任瞿弦和、中国广播电视协会主持人节目研究会副会长陈铎、中国广播电视学会播音学研究会常务理事虹云、中国播音学研究会会长方明、国家一级演员徐涛等业界、学界专家学者担任评委，分为初赛、复赛、决赛、颁奖晚会四个阶段，经主办方授权的中国各省、自治区、直辖市的艺术文化机构承办进行当地选拔工作，将参加选拔的选手名单提交全国大赛组委会，并在京举办决赛，按照组别、类别、个人项目、集体项目设金奖、银奖、铜奖、优秀奖以及单项奖和指导教师奖、组织奖等。

五、"书香重庆，阅读之星"

　　"书香重庆，阅读之星"有声阅读大赛是由重庆市委宣传部、重庆市文化和旅游发展委员会主办，重庆市全民阅读活动办公室、重庆图书馆承办的大型全民阅读公益赛事。作为地方性诵读类赛事，所有热爱阅读的市民都可以无门槛参与。自2018年启动以来，已经连续举办7届，形成了以经典文学作品为媒介，以声音为纽带的全民诵读的公益品牌活动，为推动全民阅读、建设书香社会，推进"书香重庆"建设作出了突出贡献，是近几年全国范围内地方性群众有声阅读领域的代表性赛事。尤其是2021年6月，由四川省委宣传部、重庆市委宣传部、四川省文化和旅游厅、重庆市文化和旅游发展委员会主办，四川省图书馆、重庆图书馆、成都图书馆承办的"信仰的力量"——庆祝中国共产党成立100周年川渝"阅读之星"诵读活动在四川传媒学院拉开帷幕。经过层层选拔，川渝两地进入决赛的10个诵读组合选手，以"信仰的力量"为主题，共诵红色经典，深情回顾中国共产党波澜壮阔的百年历史。活动以"岁月峥嵘""岁月如歌""岁稔丰年""岁坚如磐"四大篇章为脉络，带领观众共同追忆百年党史中的峥嵘岁月。10个来自川渝两地的选手走上舞台，用饱含深情的诵读，演绎振奋人心的时代故事。选手们声情并茂的诵读，将革命先烈们的英雄事迹和感人事迹娓娓道来，令现场观众无不为之动容。

2022年，第五届"书香重庆，阅读之星"创新阅读活动的内容和形式，首次开设"诗文诵读"和"小说演读"两个全新赛道，小说演读参赛篇目指定为重庆图书馆精选的50本经典中外小说。据官方统计，当年总报名参赛人数突破14万人，创下开办以来的新高，在社会形成了全民阅读的良好风尚。

2023年第六届比赛以"如果春风有声音"为主题，分为大众组和亲子组两个组别，参赛篇目由大赛组委会指定，共80本图书，包含传记、散文、诗歌、小说、报告文学、儿童文学、绘本等多种文学体裁，让大众走近经典，走近名著，翻阅曾经，仿佛遇见一位位鲜活的历史人物。总决赛通过国家公共文化云、中国旅游TV、重庆群众文化云和全国21个省级文化馆网络云等平台进行同步直播。经初步统计，该网络直播观看总量达162.16万人次。其中，国家公共文化云18.9万人次，重庆群众文化云29.67万人次，中国旅游TV59.96万人次，重庆群艺馆视频号0.15万人次，重庆图书馆视频号、微博共10.86万人次，全国各省级平台直播联动42.89万人次。[1]

---

1 渝见：第六届"书香重庆 阅读之星"有声阅读大赛总决赛掀起群众阅读新高潮，2023年4月25日，访问日期：2024年1月20日。

第六章

中华经典诵读活动的难点与对策

第一节　学校层面中华经典诵读 活动的主要问题

一、学校对经典诵读教学重视程度有待加强

传统的应试教育模式在很长一段时间内一直影响着我们的语文教学，尤其是在义务教育阶段的语文课上，学生们多停留在按照教师的提示进行课文层次的划分、课后习题的练习等。很少有教师能够将经典诵读作为一个独立的板块来进行教学，导致诵读教学未受到足够的重视。教师不重视，学生也就很难意识到诵读学习的重要性。随着教育理念的不断更新和改革，经典诵读教学开始受到越来越多的重视。越来越多的教育工作者认识到，经典诵读对于培养学生的人文素养、提高学生的语言表达能力、陶冶学生的情操等方面具有不可替代的作用。

为了落实好经典诵读教学，各级教育部门和学校采取了多种措施，比如：将经典诵读纳入语文课程标准，制订具体的教学目标和要求；开设经典诵读专项课程，聘请专职教师进行教学；组织经典诵读比赛，鼓励学生积极参与；创设良好的诵读环境，为学生提供诵读的机会和平台。

虽然在新的语文课程教学标准中，经典诵读已经被列为语文教学的重要内容之一，要求学生在小学阶段能够背诵默写一定数量的经典诗文，在初中和高中阶段能够鉴赏和评价经典诗文，但是从实践来看，经典诵读依然存在地区发展不均衡的情

况。具体表现在以下几个方面。

一是推广程度不一致。有些地方对经典诵读的重视程度较高，积极开展了相关活动，例如在中华经典诵读工程的推广下，很多地区都以分赛区的形式开展了中华经典诵读大赛的各类选拔比赛，取得了较好的推广成效。而有些地区尤其是经济欠发达地区还存在对经典诵读认识不足、重视不够的问题，导致经典诵读的推广工作进展缓慢，这一点要从推广国家通用语言文字工作开始抓起，任重道远。二是不同地区师资力量参差不齐。由于经典诵读需要一定的专业知识和技能，因此对教师的素质要求较高。目前一些地区的经典诵读教师队伍建设不足，师资力量参差不齐，影响了经典诵读教学的质量，甚至依然有很多学校的语文教师还未能达到完全以普通话进行教学，实属不该。三是经典诵读的评价机制不完善，导致难以对学生的学习效果进行有效评估。关于这一点，需要各学校邀请诵读领域高水平的专家学者去定期开展培训和主题讲座，只有提高整个教师队伍的经典诵读创作观念和审美水平，才有助于形成科学合理的评价体系。

另外，经过笔者调查，虽然很多学校通过多种途径组织了不同形式的诵读活动，例如语文课堂、诵读课程、演讲比赛、诵读比赛、表演活动、班级活动等，但是在实际的执行过程中，并没有达到预期的效果。有的学校专门开设的诵读课程成效微弱，学校组织的各种活动也存在走过场现象，并未真正激发学生诵读的兴趣，提高学生诵读的热情。从学生群体来看，很多中小学生对于经典诵读的态度是较消极抵触的，认为诵读是加重学习负担。尽管部分学校开设了专门的诵读活动课，但据学生反馈，诵读课往往被语文、数学等科目的教师占用，鲜有专门用来分析和诵读经典的情况。除语文课本上的古文、古诗词的学习和背诵外，语文教师也很少带领学生赏析课外经典篇目，即使偶尔进行赏析，也仅限于考试中会涉及的课外文言文。学校提供的诵读读本，通常只在期中、期末考试前被教师抽取几节课时间讲解其中的重点篇目，要求学生背诵即可，其他时间仅要求学生课下自由诵读。在诵读途径的选择上，学生们大多只能参加学校举办的活动或班级组织的活动，自主选择权较小，偶有学生的家长会帮助学生报名参加社会上的一些经典诵读比赛等。

二、选材多为古代，现当代占比较少

现在很多学校在涉及经典诵读教学时，由于学生对古代诗词的熟悉程度较高，诵读时韵律性较强，篇幅相对较短，易于记忆，造成一提及经典诵读就是古诗词、古文名篇，而选择现代文学经典的较少。我们需要从文化传承与现代价值观的冲突与融合这一更宏观的视角来审视这个问题。这样的探讨不仅关乎文学、教育的层面，更触及对传统与现代化进程中的认识和选择。

首先，"经典"作为历史的沉淀，不仅是文学艺术的杰作，也是古代智慧和文明的结晶。经典作品中蕴含的道德观念、世界观、人生哲理等，有着跨越时空的普遍价值。在快速变化的现代社会，人们面临信息爆炸和价值多元，经典诵读成为连接过去与现在，传承文化精髓的重要桥梁。

然而，重视经典在一定程度上可能导致对古代文化的过分理想化，而轻视现当代文化。这种倾向可能会使人们陷入一种过去即美好、现代即颓废的简单二元对立之中。这种观点忽略了文化是一个不断发展变化的动态系统，任何时代的文化都有其独特的价值和局限性。

再者，现代社会的快节奏生活和实用主义倾向，往往使得经典诵读成为一种功利性的工具，比如为了通过考试等。这种现象在一定程度上削弱了经典诵读的内在价值，即对人的精神世界和思想深度的塑造。

鲁迅先生的一些作品，如《野草题辞》《阿Q正传》《狂人日记》《从百草园到三味书屋》等，有着深刻的社会批判性和丰富的情感，语言犀利，善于用讽刺和夸张的手法描绘人物和社会现象，诵读时能够很好地传达作品的深层含义；巴金的《家》《春》《秋》三部曲描写了一个家族的兴衰历程，充满了深情和细腻的心理描写，诵读时可以通过不同的声音渲染和情感投入，展现人物复杂的内心世界；老舍的《茶馆》《骆驼祥子》等作品，通过生动的对话和独特的背景，展现了社会底层人民的生活状态，诵读时能够通过再现不同人物的语言特色，传达作品的社会意义和艺术魅力；沈从文的《湘行散记》描写了湘西的自然风光和人文风情，语言细腻，情感真挚。诵读时可以感受到作者对自然和人情的细腻描绘；徐志摩的《再别康桥》《我不知道风是在哪一个方向吹》等，以其新月体的诗风，抒情而又含蓄，非常适合通过诵读来体现诗的音乐美和意境；朱自清的《背影》《荷塘月色》等散文，语言平实而感情真挚，通过诵读可以更好地传达作者对家人、自然景象的感慨……

中华文明的独特之处在于其古老而年轻的本质。因此，当选择经典作品时，我们应该广泛涉猎各个时期的优秀作品，积极探索中国文明丰富的瑰宝，从古到今、从经典到现代，让我们的文化传统与时俱进，焕发出永不衰竭的生命力。

三、经典诵读的内容缺乏系统性和渐进性

在绝大多数中小学的"中华经典诵读"活动中，无论是经典、蒙学还是诗词，诵读的内容都显得零散而缺乏系统性。举例来说，有些学校在进行经典诵读时，没有按照正确的顺序诵读"四书"，而是先读"五经"。另外，有些学校在诵读《尚书》和《周易》时存在混淆。此外，对于《论语》，有些学校只读教科书中的十二则。而在蒙学方面，有些学校直接开始阅读《声律启蒙》，但只是机械地背诵，而没有教授声韵对联，这实在是令人惋惜。千百年来，中华经典体系中的"经、史、子、集"一直是人们学习和研究的对象。"经"包含了儒家经典著作和思想，是学习和研究的基础。"史"记载了历史事件和人物事迹，以史为鉴，可以知兴替。"子"是儒家经典著作以外的其他重要哲学思想著作，深入探讨了伦理道德、治国安邦等问题。"集"包括诗歌、散文、辞赋等，是文人士大夫表达情感和思想的载体。

"经"是理论的基础，"史"是经验的总结，"子"是思想的升华，"集"是情感的抒发。四者相互关联，共同构成了国学文化体系的完整框架。系统性地学习和研究"经、史、子、集"，可以帮助学生正确认识世界，树立正确的人生观和价值观，从而更好地指导自己的行为，完善自己的人格。

人的大脑，就好比一个电脑硬盘，不断地储存着我们随时随地放进去的知识。然而，如果这个硬盘没有分类，结果可能是东西越多，就越乱。学生时代经典诵读选取的文章在很多情况下就可能导致这种局面，许多学生在学校进行诵读时，面对的是从古至今的名家名篇，但至于这些文章为什么会被选进经

典诵读的教材，每一位作者的生平经历是怎样的，是在什么时候、什么情况下写的这篇文章，作者在当时所生活的时代究竟是怎样的，对于后世又产生了怎样的影响，和之前的同类文章存在怎样的关系等，这些问题，许多老师基本不会讲，或者是没有时间讲，学生就不了解，于是，学生既感到无趣，又不能理解，这样的诵读在多数情况下便流于形式。

中华经典诵读内容的渐进性包含两个方面，一方面是诵读内容难易度的渐进性，另一方面是诵读量的渐进性。从诵读内容的难易度来看，主要是从整个义务教育阶段的整体性、从不同年龄段学生接受理解能力的差异性以及从具象到抽象的逻辑层次性来把握。从整个义务教育阶段的整体性来看，现实中许多学校的经典诵读教学是缺乏主线和支线意识的，所谓的主线是以中国文学史的发展过程为基本脉络，以古代神话、古代散文、诗歌、文赋、词、戏剧、小说、现代散文、现代诗等为基本类别，支线是从中国文学史的各个历史时期，不同的思潮和流派发展过程中的经典作品以及作者生平和写作背景等横向内容展开的。有人认为，系统性和渐进性是相互矛盾的，持这一观点的人主要是对系统性和渐进性的认识还存在误区，认为系统性就是一把抓，什么都要灌输给学生，其实这非但不是系统反而是杂乱无章。实际上，系统性的立足点可以小到一位作者的一篇文章，即一篇作品完成前后的所有与之相关的内容，也可以是一位作者生平所有的作品，即其各个创作时期的创作特点、创作风格、艺术追求、作品分类、作品之间的关系等，也可以是一个时期内某一个文学领域中的所有代表性作者、经典作品及其之间的关系，也可以大到着眼于整个文学史的发展过程。这意味着系统性是相对的，也恰恰与渐进性有着紧密相关的关系，只有把握了系统性，才能更好地体现经典诵读的渐进性，只有把握了渐进性，才能更好地实现系统性，二者是相辅相成的关系。

四、高校学生对中华经典诵读的认识有待提高

中华经典诵读实践是继承和发扬中华优秀传统文化的重要方式，对培养学生的文化自信、提高学生的文化素养具有重要意义。在高校的经典诵读实践活动中，部分同学往往对经典诵读的价值和意义缺乏深入的了解。他们可能认为经典诵读是枯燥乏味的，与自身的专业学习和未来职业发展无关。造成这种现象的原因主要是：一方面，高校学生尤其是理工类的同学相对而言更倾向于逻辑思维和分析性思维，而经典诵读则更强调感性思维和形象思维。这种思维方式的差异可能会导致他们难以理解和欣赏经典诵读的内涵和美感；另一方面，在高校的学习生活中，很多学生往往忙于专业主干课程的学习，很少能够挤出时间进行诵读方面的学习。在传统的观念中，经典诵读往往被认为是文科专业的专长，而理工科专业的学生则被期望专注于科学技术类科目，同时，他们周围可能没有足够多的同学、老师或亲朋好友参与经典诵读活动，这可能会导致他们对经典诵读产生疏远感和抵触情绪。

在2022年中国传媒大学的毕业典礼上，中国传媒大学党委书记、校长廖祥忠在致辞中曾引用苏轼《定风波》一词，引得现场学生集体起立共同朗诵。在朗诵结束后，廖校长说到"希望同学们日后无论遇到何种人情事变，都能随缘尽性、达观豁达。哪怕处在人生的'萧瑟处'，仍能静心感受晚风拂柳、山外青山。希望同学们永葆清澈之心，拥有'一蓑烟雨任平生'的自在从容，天有风云，心无跌宕……"讲罢，台下瞬间掌声

雷动。其实，诵读一段经典，浸润的是人的心灵，启迪的是人的心智，这种润物无声的影响看似微弱，实则坚实、长久。在人生的青春之路上，无论是自然科学还是人文科学，都需要这种内在的力量和信念，人文浸润科技，科技增益人文，如果能为自然科学的发展插上人文科学的翅膀，该是一件多么美妙的事情。

第二节　社会各类经典诵读比赛存在的问题

一、重形式表现，轻情感内涵

经典诵读作为一种艺术形式，其核心在于通过声音来传达情感和思想，如果只注重形式而忽视情感内涵，朗诵就失去了其本质和价值。在当前种类繁多的社会诵读类比赛和展示活动中，尽管我们不乏看到情声和谐的精品佳作，但依然有很多诵读作品过于注重外在的形式展现，这里说的形式一方面包含了化妆、服饰、道具、形体动作等，另一方面也包含了声音形式。巧合的是，受创作观念的影响，这两方面往往又是同时出现的。

朗诵不代表呆板，演诵不代表浮夸，在内容与形式的配合中，一切语言艺术之所以能够打动受众，是因为真实的情感表达引发了共鸣。情感是内化于心的，声音形式和形体动作都是外化于形的，由内而外，由情到声，才是语言艺术创作的根本规律。在各类诵读比赛中，较为常见的过分注重形式的情况主要有以下几种情形。

一是声足情欠，过分强调吐字用声。每一句话、每一个字都好似要把自己的"金属声"发挥得淋漓尽致才算好。这种情况常见于大学生组和成人组的比赛，"好声音""字正腔圆""圆润动听"固然重要，但如果过分强调声音的"磁性"和"到位"就会失去灵魂，一篇稿件从头到尾诵读下来轻重虚实松紧都在一个"度"上，则会让人很难听下去。尤其是对于刚刚接触诵读的朋友，或担心自己的普通话发音还存在很多问题，或担心自己的声音不够洪亮，或担心听众不能全神贯注地听进去，在诵读时就会将更多的精力消耗在自己的吐字发声上而忽视了最基本的说内容、讲意思、走情感。中国有句俗语叫"有理不在声高"，我想是很适合解释这个问题的，声嘶力竭、大喊大叫有时反而显得无力，就像我们听一首歌，打动我们的、听到人心里去的经典歌曲也未必是要唱到极高的音高才行。

二是表情与体态动作过于夸张。这种情形较多出现在青少年诵读比赛当中，许多孩子无论诵读什么样的作品，面部表情都几乎长时间保持一成不变的微笑状态，眼睛直直地盯着前方一个位置，脚后跟靠脚后跟，双腿并拢笔直站立，五指并拢紧贴在腿侧，在做一些动作时有明显的设计感，遇到高亢的情节往往是双手举过头顶，遇到黯淡的情节往往是低头看向地面……这些长期固化的动作、表情等体态语仿佛成了朗诵比赛的"标准"动作，在这一点上，很多指导老师也对此十分坚持。并非这些体态动作本身不能用，而是不能长期使用，如果在任何稿件、任何情况下都随便使用并养成"习惯"，这就违背了一个字——"真"。试想我们在生活中处于愤怒或开心的情绪状态下，相应的动作和表情会是高度一致的吗？愤怒不一定要捶胸顿足，有时一个眼神，一个表情，甚至不说话，我们也能感到一个人是极度气愤的，所谓"此时无声胜有声"，有时我们表现喜悦之情，也未必非要手舞足蹈、哈哈大笑。当老师们指导学生用某些动作来表现某些情感状态的时候，也要试想一下情感是直接靠动作做出来的，还是说话人的内心先要获得真正的情感体验呢？如果我们违背了生活的基本规律，则会让人感到"不适"，甚至"虚假"。因为对于语言表达，观众不必具备极高的专业水准也能判断出一个人是否是真诚地在与他对话。

三是服装道具五花八门、不伦不类。在近几年的"曹灿杯中华经典诵读大赛"中，我们经常能遇到一些同学在服装道具方面花了不少心思，但是实际的呈现效果有时反而大打折扣，例如很多同学在朗诵李白的《将进酒》时，着黑色头冠，一身白袍，手拿折扇，腰佩短剑，尤其是前两项几乎凡遇李白作品的诵读者皆是类似装扮。且不说李白的日常着装我们已无从考究，问题的关键是一个小朋友穿上这身行头，观众就真的会把他当作李白吗？而至于李白是不是一律白袍出门恐怕也是个问号，因为我们在李白创作的诗歌作品中能够考究到的是"草裹乌纱巾，倒被紫绮裘"（《玩月金陵城西孙楚酒楼，达曙歌吹，日晚乘醉》），又或是"五花马，千金裘，呼儿将出换美酒，与尔同销万古愁"（《将进酒》），抑或是"解我紫绮裘，且换金陵酒。酒来笑复歌，兴酣乐事多。"（《金陵江上遇蓬池隐者》）其中我们看到李白在自己的诗作中谈及的服饰分别是"乌纱巾""紫绮裘""千金裘"等，看来，李白当时的衣着应多以裘皮为主，头戴乌纱巾，在当时可谓是"时尚达人"，因为一般的人家还是很难穿得起这种动物的毛皮制作的高级御寒衣服的，且颜色上多以紫色、青色为主，是否时常身着白袍确实无从考证，而至于腰间是否佩戴短剑，是否拿折扇就更无从谈起了，需要结合天宝年间的文人逸士的穿着风格以及更多的考古发掘物料来进行翔实考证。举这些例子并不是说我们在诵读时就不能穿古装，拿道具，而是希望广大诵读爱好者注意，一切服装道具都应是为我们诵读的作品的完整性服务的，是配合的关系，以情动人是语言艺术的灵魂，不宜喧宾夺主、花里胡哨，更不能无视史实随意穿搭，这毕竟不是秀场，中华经典诵读艺术与真人秀、艺术表演有着很大区别，从文本出发、从史实出发是经典诵读创作的基础，我们可以还原，可以对文本作不同维度的解读，但如果随意随性就要闹"笑话"了。

二、选材与自身年龄特征和个人风格不符

在社会各类经典诵读比赛中，选材是赛前一个极为重要的环节，它直接关系到诵读的主题、思想和情感把握是否能够准确恰当，关乎诵读活动整体的质量。诵读选材应契合自身年龄特征，原因如下。

第一，年龄不同，阅历不同，对作品的理解也不同。从对文学作品接受的共时的角度看，随着年龄的增长、阅历的增加，人们对世界的认知、对生活的感悟都在不断地变化。因此，不同年龄阶段的人对同一作品的理解和感受也会有所不同。年龄较小的人，尤其是青少年甚至少年儿童，各方面阅历相对较少，对作品的理解可能比较浅显，对作品中蕴含的情感也可能体会不深，因此选择童话、寓言故事，或者一些写景状物的短篇散文或诗歌绝句相对而言要更好理解一些，诵读时相比情节复杂、情感深厚的作品要好驾驭得多，语言表达也更为

自然真实，受众听起来也会感到较为和谐。而年龄较大的人，阅历相对丰富，对作品的理解可能会更加深刻，对作品中蕴含的情感也可能体会得更加透彻。这里有一个问题要注意，借景抒情是中国文学自古以来的常见手法，一定要结合具体作品判断是否适合本人诵读，相当多的作品借景抒情不像文字表面那样简单。例如朱自清的《荷塘月色》，这部散文创作于1927年7月，那时正值大革命失败，白色恐怖笼罩着中国大地，中国处于一片黑暗之中，朱自清作为"大时代中的一名小卒"，不能投笔从戎去参加革命，自己内心又始终平息不了对黑暗现实的不满和厌恶，因此当时的作者心境可以说是矛盾、复杂而抑郁的，只能在希望破灭的苦闷与彷徨中追求这刹那的安宁。但是在不少的诵读比赛中，我们看到有青少年朋友选择这篇稿件进行诵读时的语气色彩和整体基调只是单纯表达一种优美的甚至心旷神怡的喜悦之感，这显然是在选材时没有做足功课，对稿件的创作背景和主题思想把握不当，可能自身嗓音条件很好，但综合下来看效果依然不够理想。

第二，不同年龄阶段的人，声音条件也不尽相同，对作品的选择也应与之和谐。年龄较小的人，声带还未发育成熟，儿童的声带较薄且短，更能产生高频振动，且主要共鸣腔如口腔、咽腔、鼻腔也较小较窄，又能共振高频声波，从而产生更明亮、更清脆的声音，这个时期的声音适合表现活泼、轻快、愉悦的作品。而成年人尤其是成年男性，声音一般比较浑厚、低沉，适合表现沉稳、凝重、深沉的作品。因此，在选择诵读作品时，要考虑自己的声音条件是否与作品的整体基调色彩相贴合，这样用自己的自然音色即可较为容易地实现理想的诵读效果。例如，一位少儿组的男同学诵读骆宾王的《咏鹅》和艾青的现代诗《大堰河——我的保姆》，且不说对作品的理解和情感体验，单从声音特点来看，显然也是第一首《咏鹅》更适合他。另外，人们在青春期的变声期之后嗓音音色基本也就稳定了下来，从心理层面讲，只要不存在生理上的发音器官疾病，大家一定要对自己的声音保持基本的自信，再加上科学的发声方法和共鸣改善，是没有什么大问题的，男生千万不要感觉自己的声音不够浑厚缺乏磁性而去刻意压迫喉腔追求"金属声"，女生也不要过分追求高、尖、亮，经典诵读艺术是口语化的语言传播，不是声乐演唱，音高基本在一个到一个半八度，长时间使用过低或过高的音色不但会失去自然流畅的口语表达状态，受众听起来也会觉得累，严重的甚至还会引发发音器官疾病，只有诵读者自己发音科学舒适了，受众听起来才会舒适，情声和谐既是最低要求，也是最高要求，这是一个阈限。

第三，诵读比赛在选材上也要考虑诵读者的个人风格等个性化特征。一方面，每位诵读者的个人气质不同，审美理想不同，那么对作品的选择也应有不同的倾向。在社会各级各类诵读比赛中，我们从受众的角度看，也能够很明显地感觉到某些作品不太适合这位选手，或者某位选手的表达很好，稿件也很好，作品整体看下来都让人赏心悦目，回味良久，个性十足。其中很重要的一个因素是诵读者的声音、情感、内容、动作、眼神等这些复合因素能否达到内外合一，让人感觉仿佛身临其境，像是原作者重现在观众眼前，这种亦幻亦真的感觉无疑是语言艺术独有的审美特征之一，而要做到这一点，诵读者的个人气质形象、思想情感、举手投足都要是一个完整的整体，任何方面的偏移都会显得格格不入。我国著名表演艺术家焦晃在中国传媒大学举办的第十六届齐越朗诵艺术节现场朗诵了一首《出师表》，他当时已是78岁高龄，一头白发，着一身灰色褂子，未加任何背景音乐和视频，选择了立式话筒，苍劲挺拔立于舞台中央，语言朴实无华娓娓道来，情感真挚，全无半点着力修饰的痕迹，诵毕全场观众掌声雷动，那一瞬间仿佛时光流转，人们仿佛看到了诸葛亮本人在向后主刘禅诉尽衷肠的画面。想必除了焦晃先生丰富的阅历、高超的艺术修为和深厚语言功力，其选材也与本人年龄、身份、阅历相当，带给观众整体真实的美的享受。因此，我们说年龄较小或者自身形象较为青春阳光的朋友，气质一般给人以活泼、开朗的感觉，对作品的选择也应倾向于表现青春的、富于朝气的，或者情绪明快的作品，例如第五届重庆市有声阅读大赛中，一位二十岁出头的女孩选择了铁凝的小说作品《哦，香雪》，给人以清新爽朗之感，观众评价甚好。而年龄较大或者自身形象较为成熟的选手，气质也往往给人一种沉稳、内敛的感觉，选择相应的经典作品来演绎往往事半功倍。虽然这些规律并不绝对，但还是适合多数诵读选手。因此，当我们在选择诵读作品时，一方面，应该考虑选择符合自己形象气质的作品；另一方面，作品内涵也要尽量符合自身的年龄阅历，选择自己有所感触或者有类似经历且能够理解的作品，言为心声才是真。

　　第四，选材还与诵读者自身的表达手段和艺术风格有关。如果说好的选材是一次诵读活动成功的桥梁，那么每位诵读者独具特色的表达手段便是其情感表现的调色板，诵读者艺术风格的塑造则是每位诵读者艺术个性的绽放。从诵读者的表达手段来看，声音层面至少包括气息、口腔、共鸣、吐字、语气、节奏等多方面的复合变化，先不说不同的稿件不同的诵读者处理起来手段各异，即便是面对同一篇稿件，甚至同一句话，不同的诵读者的处理方式也是不同的，甚至是大相径庭的。每个人呼吸的频率、深度、气息量的变化是不同的，口腔状态的开合、松紧、形状的调整每个人是不同的，共鸣的位置、深浅、强弱每个人是不同的，吐字的松紧、快慢、轻重每个人是不同的，语气的色彩、浓淡、意味每个人是不同的，节奏的明暗、快慢、大小每个人也是不同的，这就好像不同的歌手演唱同一首歌曲，带给听众的是截然不同的演唱风格和感受，但为什么可以说他们虽然风格迥异，但呈现出来的都是声形俱佳的好作品呢？原因就在于艺术之所以动人心弦，是因为创作者真诚真挚的情感，最佳的创作状态并不是不得不唱、不得不说、不得不写，而是想唱、想说、想写，这是所有佳作感人至深的内在原因，而不同艺术家不同的人生阅历、创作方法、表达个性都塑造了专属于其自身的艺术风格，具备鲜明的艺术风格是成为一名成熟的创作者的基本前提。一花独放不是春，百花齐放春满园，每一位诵读艺术爱好者每一次的诵读实践其实都是在为打造属于自己的创作个性做准备，那么由此选择一篇适合自己的，或者说适合自己的艺术风格表现的作品效果更佳，这是参加社会各类诵读比赛时每一位选手在准备阶段就要斟酌判断的事情，当然，这是针对我们在自身诵读水准一定的前提下如何能取得更好的现场效果来说的。

第五，选材还应注意故事性和情节性在整篇稿件中所占的比重。就当前诵读比赛现状来看，单个作品的时间长度一般设定在五至七分钟，相对而言，在这个时间范围内已经足够将一个故事的来龙去脉，或者一个主题下若干个情节片段（一般两三个）讲述充分了，如果在这个时间范围内没有相对完整（或独立）的故事情节或者只是泛泛地带过，无论对于诵读选手还是现场观众来说都无疑是一个巨大的考验。于选手而言，在没有较为具体情节的支撑下该如何推进诵读内容，节奏如何起伏变化，变化的依据又是什么，这些都很难找寻，这样一部作品诵读下来往往就会显得平淡，这里并不是说类似现代抽象诗或者朦胧诗这种没有明确情节的就不能选择，但是从实践来看，对于多数诵读入门阶段的朋友来说这的确是一个巨大的挑战，因为这种没有明确主题的、情节性较弱的作品往往很吃选手的"内功"，必须要达到几乎与原作者一致的内心感受和思维状态才可能让人听得明白、听得进去。很多朋友的诵读过程可以用步履维艰来形容，要么从头到尾匀速行驶四平八稳，要么处处用力反而没有重点，稿件本身缺乏故事性和起伏性是造成这种现象的重要原因之一；于观众来说，五到七分钟内如果没有听到明确的故事情节和事件线索，也是一种"煎熬"，因为如果诵读全程都是纷繁复杂的意象连续出现，或者意象与意象之间跳跃性太大，或是逻辑性不鲜明的内容，可能观众听一会儿就听不下去了，这就难以形成情感共鸣。需要强调的是，稿件有故事性和情节性并不代表诵读的时候就要声嘶力竭、高亢嘹亮，二者之间并没有因果关系，一定是具体稿件具体分析，具体段落具体判断，具体语句具体处理，没有固定的模板，固定模式固定腔调的归宿往往是千篇一律、千人一面。因此，在诵读前的准备阶段，对稿件背景的挖掘，对主题的深入理解，对行文脉络的吃透就显得尤为重要。对于初学者来说，同是诗歌，情节性强的叙事诗往往相对于朦胧诗和哲理诗要好理解一些，而理解得深入，感受得具体，表达起来情感就更加真切，抑扬顿挫的依据便更充分，观众听起来也要顺得多，例如，艾青的《北方》、臧克家的《罪恶的黑手》、田间的《给战斗者》等叙事诗，相对北岛的《回答》、杨炼的《诺日朗》、顾城的《远和近》等朦胧诗，对于处于入门阶段的朋友来说，诵读时往往要好驾驭一些。

三、参赛选手水平差距过大，评价体系不够完善

在当前，不少由社会组织、民间组织主办的经典诵读比赛存在商业化、娱乐化运作的情况，有些比赛赛程、赛制、规则往往不够严谨，一次比赛下来，参赛选手水平参差不齐，既有广电集团的播音员主持人，又有来自各大高校播音、表演等专业的师生，还有没有经过系统训练的民间诵读爱好者，尽管专业类选手不一定比普通爱好者水平高，但就现实情况来看，专业类选手往往在舞台经验、语音面貌、情感把握、语言节奏等方面要比一般诵读者更成熟些，如果比赛只设社会组、成人组、青少年组等组别，专业类选手与非专业选手同场竞技则有失公平，因为这与一般的展演、分享活动不同，既然是比赛，大家在交流学习的同时还是要有一定竞争性的，因此主办方在组别的区分上应注意赛事的科学性和公平性。另外，主办方需要在赛制方面慎之又慎，尤其是赛事各阶段的晋级规则、人数、特殊情形的准备上需提前准备到位。近些年，各地不少朗诵比赛甚至全国性经典诵读赛事都出现过不严谨的情况，要么是规则没有写清楚，要么是临时做出解释和更改规则导致选手权益受到影响，一旦出现这类情况，组委会应做好危机公关妥善解决，一个比赛想要办得长久、办得好、社会影响力大，在赛制规则方面是不容有失的，否则会直接影响赛事品牌形象的建构。

经典诵读比赛是一项考验朗诵者语言表达能力和艺术感染力的比赛。在比赛中，评委的打分标准是至关重要的。然而，近年来，朗诵比赛中评委打分标准不统一的问题日益突显。这不仅影响了比赛的公平性，也影响了参赛者的积极性。评委打

分标准不统一的原因是多方面的。首先，经典诵读比赛评审工作的主观性较强，评委对每部作品的理解不同，对诵读者的表现评价也不同。客观来看这是正常现象，所有艺术类的相关比赛都存在这个问题，因此为了尽量避免不同评委之间打分过于悬殊，组委会往往在赛前会召开评委会，探讨本次赛事的打分细则，但实际执行时仍然会遇到一些有争议的作品，争议点可能存在于不同的维度，这就需要评委之间在本组评委组长的协调下，尽可能地对容易发生争议的情况提前商讨、统一处理，体现比赛的科学性和公正性。其次，不少经典诵读比赛的评委来自不同的专业领域，他们对诵读艺术的认识和理解也不同。多数评委来自语言学、文学、艺术、教育等领域，由于各自的侧重点不同，对经典诵读艺术的审美标准存在差异，如果不能统一协调，可能会导致评委的权威性受到质疑，也会进一步影响比赛的公平性和公正性。最后，除了评委之间分数差异过于悬殊的情况之外，如果打分浮动太小，例如，多数分数都在五分以内浮动，追求一个"差不多"，也会造成比赛结果失真。以上这些情况都是经典诵读相关比赛在评委评审过程中容易出现的问题，不同的评委对同一部作品可以有不同的看法，也应当有不同的看法，只是如果不同评委对选手的评分都过于悬殊，则不利于经典诵读赛事的健康发展。

　　从实际来看，选择哪些专家来担任一次诵读比赛的评委取决于大赛主办方，这是一个复杂的过程，既要考虑到专业性和权威性，又要考虑到科学性与公平性，同时，对于主办方的专业资源也是一个考验，邀请非语言艺术领域如艺术、文学、新闻、教育等方面的专家作为评委，笔者认为是可行的，因为经典诵读既是语言艺术，也是一项文化活动，从更广的范围看，这对于经典诵读活动的推广是有益的，主办方应该考虑的是在赛前评委会上明确大赛的主要目标，把握好评价方向和打分原则，并在后续打分过程中做好监督反馈工作。

四、诵读辅助元素与舞台调度问题

一是背景音乐的选择。经典诵读作为一门综合艺术，经历了漫长的发展过程，从古代的伴乐吟、咏、诵等形式发展到今天结合了音视频、舞美、灯光、道具等，逐渐发展为综合性视听艺术，随着越来越多的手段加入到了经典诵读的实践中来，很多经典诵读比赛现场往往给人以全息的视听体验，带来美的享受。因此，背景音乐的选择与制作，日渐成为中华经典诵读艺术不可或缺的辅助元素之一。就目前来看，背景音乐方面常见的问题是比较集中的。首先，是一首曲子从头垫到尾，诵读完全跟着音乐走。这种情况其实是十分常见的，然而仔细想来，音乐自身的主要节奏、起伏位置能够与诵读的情感节奏和声音节奏自然契合吗？这种概率恐怕太过于渺茫。因为诵读的节奏是由稿件内容和诵读者以此为依据的情感生发所带来的声音形式上的抑扬变化，回环往复，而背景音乐的节奏在大多数情况下是直接引用其他音乐创作者已经创作好的成品，并非为本次诵读专门创作设计的曲子，二者在节奏上很难做到完美匹配。一旦二者节奏不同，带来的后果就是主次不分，诵读者被背景音乐所主导，音乐慢下来诵读就慢下来，音乐高亢热烈了诵读就跟着喊了起来，也有的诵读者喜欢选择一些舒缓优美的乐曲作为背景音乐，从头到尾也没有多大起伏，自己的诵读过程也是四平八稳地跟着音乐从头舒缓到尾，俗称"沉浸式"，经常把自己感动得声泪俱下，观众在场下却无动于衷，着实有些尴尬。其次，是喧宾夺主，背景音乐的色彩和音量直接盖过了诵读者的声音。在这种情况下，诵读者对音乐的制作往往下了很大的功夫的，在设计垫乐时面面俱到，凡是稿件中遇到自然景物、事件冲突中涉及音响和音效的，几乎都要加进去，像是"风声、下雨声、打雷声、蟋蟀声、马鸣声、火车声、钟声、爆炸声、人群声……"各种各样的音效渲染的同时还要加大音量，一次诵读活动下来，观众真的是"震耳欲聋"，让人分不清是听诵读还是听音响效果。最后，是背景音乐色彩和主题与诵读的内容不符。这种情形也是常见的，甚至只要是某种题材的稿件，背景音乐就几乎都是那几首曲子。例如，我们常常听到写景散文常见的背景音乐是《雨的印记》《明镜之水》《神秘园之歌》《菊次郎的夏天》《回家》等；叙事类尤其是与激烈矛盾、战斗情节有关的稿件背景音乐选择《红旗颂》《英雄的黎明》《大梦敦煌》《征服天堂》等；古诗词选择《广陵散》《琵琶语》《春江花月夜》《十面埋伏》等，并不是不能用这些乐曲，而是这些经典曲目是否适合我们"这一篇"稿件的诵读，尤其是音乐的节奏、强度、色彩是否与我们诵读时的情感节奏和声音变化相匹配，究竟是背景音乐为诵读者锦上添花，还是诵读者为背景音乐所牵绊，这是诵读者在选择和制作背景音乐之前首先要考虑的问题。

二是背景视频的创作。当下，很多中华经典诵读比赛的现场都选择在大剧院、会展中心、学校或主办单位的礼堂来举办，这些专业的演出或汇报场所往往在舞台中央都有较大的电子屏幕，支持诵读者一边表达一边实时播放背景视频，能够给现场观众带来极强的视听感官体验。然而，背景视频作为一种现代诵读辅助手段，如果把握不当也会出现非常多的问题。首先，是视频内容与诵读内容不协调，这种状况下的现场效果甚至还不如不要视频，例如，有些选手明明朗诵的是革命战争题材的作品，但背景视频却选择的是蓝天白云做的简单动态从头播放到尾，无论是基调还是画面都与情节内容相去甚远。其次，是视频制作过于细腻，甚至稿件中的一句话、一个词组都要一一制作对应的视频画面，导致视频画面速度变化太快、内容过于复杂，以至于观众根本来不及看画面的变化，或跟不上诵读者语言表达的进展，这种情形的制作者往往是没有分清主次，把背景视频当成了电影宣传片来制作，可谓是事倍功半。最后，是视频内容中的画面和文字有明显的常识性错误或者敏感图文，例如，有错别字、选用的图片与史实不符、文不对图等，此类问题往往是背景视频制作周期过短，或者制作完成后没有细致校对，一旦出现类似的问题，往往会让观众对整个诵读过程的审美体验大打折扣，如果是比赛，则会影响选手分数。

三是舞台灯光问题。从物理角度看，舞台灯光是能引起视觉感应的辐射能，它以电磁波的形式在空间传播，与舞台灯光有关的基本要素大致分为光通量、光强、亮度、照度、色表、显色性、色温。舞台灯光作为当下经典诵读活动的辅助手段，运用得当可以为诵读过程铺添氛围色彩，不同的情节、不同的情感色彩通过灯光的变化能让观众如置身其中，形成身临其境的效果，对整体诵读节奏的呈现、情节的发展都起到了很好的铺垫和衬托作用，增强舞台上人与物的立体感。当前不少中华经典诵读赛事的现场中，灯光使用不当也是十分常见的问题之一。首先是灯光过于均匀一致，缺乏变化。从诵读的情节发展、角色出场、角色转换、氛围营造出发，往往需要追光、面光、定点光的时时配合，而在很多诵读赛事中，整个诵读过程都是顶光和面光从头用到尾，均匀分布，毫无重点，也无变化，甚至有的作品只需要灯光照亮即可。当然，如果比赛现场条件不支持则另当别论，如果现场条件支持，则会与其他灯光运用较好的作品在现场形成鲜明对比。其次，是灯光切换过于频繁，各种颜色的灯光变化过于密集。其实，灯光切换过于频繁、色彩变化过快也是主次不分所造成的，灯光只是辅助手段，如果把诵读现场当成灯光秀，切换过于频繁，很可能会分散观众的注意力，使观众无法集中精力聆听朗诵内容，这样也会极大地降低视觉美感。另外，灯光颜色不匹配也是经典诵读舞台灯光配合的常见问题之一。由于灯光颜色直接影响舞台冷暖光效果，单一光或者对比光的使用不当一方面会造成灯光冷暖色调营造的氛围与诵读者的诵读情感基调不匹配，达不到理想的烘托效果，另一方面也可能会产生不和谐的感觉，使观众感到不舒服。最后，灯光照射位置不当也是朗诵舞台灯光配合的常见问题之一。诵读时，舞台灯光应照射在朗诵者身上，以确保观众能够清晰地看到朗诵者的表演，通常情况下，通过预先彩排，灯光师会按照诵读者要求把灯光呈现顺序设定到程序中，这种情况下，场上灯光照射到的区域往往是设定好的，但在实践中，比赛或演出时，选手可能会因各种原因导致各时段的站位没有到达彩排时的光区位置，一般需要选手主动找到光区，不在光区内时，台下观众往往很难看清楚台上诵读者的表情和动作，会严重影响观众的观赏体验。

　　四是诵读者的舞台调度问题。诵读的舞台调度是指在诵读比赛或者表演中，诵读者在舞台上按时间顺序出现的位置和动作，以及控制诵读者的节奏、表情和动作的方式。诵读的舞台调度是诵读比赛或表演的重要组成部分，好的舞台调度能够让诵读者充分利用舞台区域，为诵读活动的情节展开和情感表达提供行动支持，以此增添艺术效果，起到锦上添花的作用。朗诵的舞台调度一般由诵读创作者或指导教师、导演负责，根据作品的整体构思和情节发展、情感运动等特点，来确定最终的舞台调度方案。舞台调度方案包括诵读者在舞台上的位置、动作、节奏、表情和动作等内容。在实践中，常见的舞台调度问题大致可分为三类：一是诵读者人数的确定。一件诵读作品的参与人数直接决定了舞台的基本站位和后续各位诵读者的基本运动方式，如果是单人作品，我们一般提倡少动为宜，因为独诵作品一般不存在诵读者彼此之间的互动，于舞台中心位置即可完成，通过原地的眼神、表情、手势足以完成整个诵读活动，如果有位置变化也是随着情感变化和情节发展稍有位移即可。调度比较大的往往是人数较多的作品，或者是情节发展较为复杂的作品，一般伴随稿件内容发生了时间或空间的变化。而一件诵读作品几个人完成更合适，要结合稿件内容具体情况具体分析，较为常见的问题是人数与作品中的人物以及旁白者数量不相符，例如，稿件中有一个旁白，两个人物角色，但是诵读作品总人数却是四人，这种情况下观众很难辨别说话者到底是什么身份，舞台调度也容易乱上加乱。也就是说，当我们在准备诵读一篇经典文学作品时，要先考虑清楚到底几个人完成为宜，为什么要三个人完成？两个人行不行？如果不行为什么不行？这里面是有基本的身份定位问题的，否则会造成角色混乱。很多第一人称作品由两、三个人来完成，试想如果《岳阳楼记》由两个或两个以上诵读者来完成，观众是否会不自觉地想到底是谁在说话？如果一个人是"作者本人"，那另一人又是谁呢？起什么作用呢？为什么要这样设定？如果人数不合适，那后续的一切舞台调度只会让诵读效果变得更加不理想。二是舞台行动或肢体动作过于频繁。舞台行动和表情动作等亦属于经典诵读的辅助元素，这里有一个度的问题，如果该动不动则显得"呆板"，如果不该动随意动甚至几句话都要走动一下，则会分散观众的注意力，影响观众的观感，对于诵读者本人来说，行动过多也容易造成注意力不够集中的问题，无法专注于情感的调动和内容的传达。三是舞台调度位置和动作不合适。除了情节需要的个别情况外，多数情况下一次诵读展示过程中应把握以舞台中线为轴线原则，人员应尽量均匀分布于中线两侧，可以有纵深和前后的交叉运动，但都以舞台整体位置协调对称为佳，如果过于集中在一侧则会造成视觉上的偏台，影响整体舞台效果。而动作不合适也是常见的现象，尤其是很多小朋友逢抒情则摊手，逢难过则低头，逢结尾则举手，手臂用力过猛，手指并拢，手臂笔直，这与自然和真实的表露往往是背离的，甚至形成了固定动作造成千人一面的现象。我们在上文曾提及中华经典诵读的语言表达的基本状态是松弛，这里的松弛其实既包含了情感和语言的松弛，也包含了情感运动状态支配下的肢体动作的松弛，尤其是各部位肌肉的松弛状态，既不能是松懈，也不应是僵硬。

第三节　中华经典诵读实践若干问题的优化路径

一、实事求是，完善中华经典诵读的系统性

我们这里谈的系统性，一方面是指针对各个教育阶段学校推进中华经典诵读教育工作的系统性；另一方面是指学生经典诵读内容的系统性。从教育方面来看，中华经典诵读是各年龄

段学生在校学习期间的一项重要的教育活动，对于培养学生的文化素养、提高学生的语言能力和陶冶学生的情操具有重要意义。学校应根据教育部《加强和改进中小学中华优秀传统文化教育工作方案》[1]等有关文件精神，结合学校实际，制订经典诵读教育实施方案，明确经典诵读教育的目标、内容、方法、评价等。

中华经典诵读教育的系统性应主要体现在课程设置、教材选编、教学质量、诵读实践、考核评价五个方面。中华经典诵读教育的课程设置可以包含理论课、鉴赏课、研讨课、创作课等不同门类的课程类型，结合各个学校具体实际分类实施、灵活安排。

在教材选编方面，可以以教育部《中华优秀传统文化进中小学课程教材指南》中的相关教材为蓝本，并根据自身课程安排结合本地教学资源的实际编写适用教材等，应秉持分领域、分阶段、分难度的基本原则进行选编。

在教学质量保障上，除语文教师外，还应同时加强道德与法治（思想政治）和历史等不同学科教师的中华优秀传统文化和中华经典诵读专项培训，应避免中华经典诵读教育只是语文老师的事，要根据不同学科特点，使教师们在课堂教学中更好地融入中华优秀传统文化元素，帮助学生树立正确的价值观、人生观，增强文化自信和民族自豪感，提升中华经典诵读教育的系统性和全面性。

从诵读实践看，各级各类学校要避免走过场，应从营造中华经典诵读良好氛围和培养全体学生中华经典诵读的兴趣入手，调动学生的主动性和积极性，充分挖掘不同形式的诵读实

1　教育部：《加强和改进中小学中华优秀传统文化教育工作方案》，教材函〔2019〕4号，2019年。

践活动，合理利用中华传统节日举办各类中华经典诵读比赛和展示活动，并且将比赛和活动与日常的经典教学有机统一起来，确保其是科学的、长效的、联动性的机制。

中华经典诵读教育的考核评价方面是目前各级学校相对薄弱的环节，我们应以全面性、发展性、科学性、导向性为评价体系的基本建构原则，全面性是指评价应涉及知识掌握、情感态度、技能习得等多方面；发展性是指评价应有助于学生的个性发展和潜能激发；科学性是指评价标准应明确、公正，量化与定性相结合；导向性是指评价结果应能反映教学目标，指导教学活动。对于考核评价机制的具体内容，学校层面应根据自身特点和实施内容进行考查，例如考查学生对经典文本的理解与背诵，可以分为知识性评价和准确性评价，知识性评价即通过笔试或口试来检查学生对经典文本的理解程度，准确性评价是考查学生背诵的准确性，包括文字、语句的正确性。对语言表达与技巧的评价可分为诵读水平和口语能力两个层面，诵读水平主要是评价学生的发音、语调、节奏等诵读技能。口语能力主要是评价学生的语言组织能力，以及能否流畅、自然地表达经典文本中的意义。对情感态度与价值观的考查可以评价学生在诵读过程中的情感投入和表现力、感染力等方面，价值认同可以通过讨论、写作等方式，评价学生对经典文本中价值观的理解与认同程度。另外，创新运用与生活实践能力也是中华经典诵读的考核评价应有的内容，尤其是学生是否能进行创造性表达，例如，教师通过鼓励学生将经典诵读与戏剧、音乐等艺术形式结合，进行创造性表达，形成一段即兴的或者是原创的艺术创作成果展示，而生活实践能力更侧重考查学生是否能将经典文化内涵运用到日常的生活和学习中。

另外，针对当前中华经典诵读教育地区发展不均衡问题，在教育部中华经典诵读工程的带动下，各省市区教委、语言文字工作部门要结合本地实情，将中华经典诵读的优质资源（如专家队伍、讲座、学术研讨等）向农村地区或经典诵读教育软硬件条件相对薄弱的学校倾斜，在条件允许的情况下，可以实行地区联动、学校联动，定期向基层学校派遣专家、教师进行针对性指导，邀请基层学校教师参加市级、省级中华经典诵读培训活动，有条件的地方可以将每年的中华经典诵读相关比赛、会议、展示活动等安排到基层地区举办，这对于普通话的推广以及推进全国各地中华经典诵读教育协同发展是有重要作用的。

从学生经典诵读文本内容的系统性来看，在各年龄段学生中华经典诵读的文本规划上，要实现分门别类，应以文学、历史学、哲学、艺术学为主，内容覆盖就文学而言，尽量从文学发展过程入手，覆盖古文（散文）、诗词、小说、戏剧、散文、报告文学等古今中外文学的脉络经纬。就历史学而言，应当选取不同文体史料，秉承史学精神，构建立体式的中外历史场景；就哲学而言，应从纵向时间维度和横向思想流派维度出发，充分展现中国哲学的发展过程。在学习的渐进性上，一方面，要根据每一位学生的自身情况，在一段时期内，有针对性地推荐不同深度的文本进行诵读；另一方面，从整体来看，中华经典诵读的文本选择要按照由易到难，循序渐进的原则，开展有梯度的诵读教学，选择开展与学生年龄、心理、阅历相匹配的诵读实践。从文本规划上，要以各领域经典代表作品为主，更加注重提升低年龄段学生的参与热情，逐渐提高学生的语言表达能力，提炼展示中华文明的精神标识和文化精髓，构建良好的中华经典诵读校园文化氛围，厚实当代学生的综合文化底蕴。

二、古文与现代文选材应兼备

针对当下中华经典诵读活动中出现的重古文、轻现代文的情况，在古文与现代文的选材平衡性上应当鼓励二者兼备，平衡对待。

一方面，古文是中华文化的重要载体，它承载着中华民族的智慧、情感和价值观。通过诵读古文，学生可以了解中华文化的精髓，树立民族自信心和自豪感。古文又富于音韵美、意境美，情理交融，具有独特的审美魅力，学生在诵读古文时，可以领略到美感和艺术的熏陶。学生时期的审美体系尚未成熟，容易凭直觉对好坏、美丑、善恶进行判断，而古文的诵读教学可以弥补这一缺陷，教师可以借由古文的诵读教学，拓宽学生的审美视野，帮助其获得更高级的审美体验。另外，古诗词篇幅相对短小、语言简洁、意蕴丰富。学生在诵读古文时，往往已与其中描绘的各种艺术形象有过接触，他们借助想象力，根据诗意，将大脑中储存的各种形象进行再加工、再组合，从而在大脑中重新构建出一幅幅画面，这样不仅培养了学生的想象力，也为其发展创造性思维、进行艺术再造提供了空间。"大漠孤烟直，长河落日圆"，短短几笔便勾勒出一幅广阔而壮丽的大漠晚景，并在有限的空间里蕴含了无限的意境。诗中没有出现任何人的身影，但读来却让人仿佛身临其境，感受到大漠的辽阔和寂静，感受到落日的壮丽和辉煌。

另一方面，经典现代文诵读也应是中华经典诵读的重要组成部分，中华民族是古老而又年轻的民族，经典现代文是中华文明现代视野的凝聚，现代文选材有四个主要特点：一是现代文可以直接反映时代精神，让学生了解当今社会的发展趋势和热点问题；二是现代选材往往更能贴近学生的日常生活，学生在诵读过程中容易产生情感共鸣，从而更能加深对作品内涵的理解，语言表达也更自然真实；三是现代选材往往具有较强的感染力，更容易增强学生的情感体验，激发学生的想象力和创造力；四是现代文是现代汉语的书面语，除了通俗易懂之外，也更接近日常口语，虽然书面语相对口语而言有些许差别，但通过诵读技巧的学习可以实现形态的转变，相比古文，学生在诵读时语言表达会更顺畅、更生动。另外，诵读经典现代文其实也是全面提升学生写作能力和口语表达能力的重要方式，对于其语言能力的发展发挥着不可替代的作用。

从当前的一些中华经典诵读相关比赛视角来看，选材古文的难度是相对较高的，除了韵律节奏有其特殊性之外，古文往往很考验选手的内功，因为对于评委和观众来说，多数选手所选择的古文都是大家耳熟能详的名篇，因此在同样情况下，大家的审美期待就会更高，一旦选手有一些表达上的瑕疵或者理解得不准确、不深刻，大家就很容易听出来，这样会直接影响选手的成绩，对于比赛而言，选择古文反而需要更深厚的语言功力。

三、以树立学生正确的审美观和创作观为先导

观念影响行为，一位诵读者认为好的诵读是什么样的，他就会按照自己心里的那个目标去表达，因此，在中华经典诵读教育实践中，学生们在诵读活动中存在的各种问题，追根溯源，往往是对"什么是好的诵读"这一命题的理解存在诸多误区。通俗地讲，我们应该先让学生知道什么是好的诵读作品，培养学生正确的审美观和创作观，推进学生的审美教育、提升

学生的审美追求和审美品位，走在中华经典诵读教育的前端，而不是拿起一本书、一篇文章就先张嘴读，因为诵读的表达技巧与方法就好比各种艺术家手中的画笔和绘画手段，而决定画家怎么运用这些介质和技巧的往往是画家对美的认识。

什么是好的诵读作品？简单地说，一切优秀的中华经典诵读作品都应是情声和谐的。所谓情即指思想感情，是内化于心的人世间的喜怒哀乐、悲欢离合的情感聚合；所谓声，即是声音形式，主要包含气息、口腔状态、吐字、共鸣、用声等多要素的复合变化；所谓和谐即指因情用声，声随情变，气随情动，气韵声动，诵者从心所欲而不逾矩，变化万千而不着痕迹，使人但见生动的艺术意象，而不见僵硬突兀的技巧。情声和谐的追求是无止境的，具体表现在音色美、音韵美、意境美、节奏美、情致美等。因此，学生诵读的水平高低不仅包括语言表达能力，还包括艺术表现能力，而经典诵读的审美观正是艺术表现能力的重要组成部分，它体现的是诵读者对诵读艺术的审美意识和审美态度，是诵读者在实践中形成的对于诵读艺术的独特感受和理解。审美观的塑造和完善是一个过程，非朝夕可成，一方面，教师的审美观影响学生审美观，教师在教学中要结合具体的诵读作品，以精品佳作树立卓越的审美典范，引导学生理解作品的思想情感，帮助学生把握作品的思想内涵和情感基调；另一方面，丰富学生的审美鉴赏途径也是十分重要的环节，为学生提供不同风格的诵读作品鉴赏课，支持学生对其他艺术门类的学习与欣赏，如音乐、戏剧、建筑、摄影、绘画、电影、电视等不同门类尤其是话剧、歌舞剧、戏曲等姊妹艺术的观摩，来提升学生对于美的理解与感悟，这对于提升学生诵读审美能力和审美追求，塑造属于个人的审美个性有着巨大作用。

　　创作观是艺术创作者对艺术创作的基本理念与基本方法的总的认识和判断，它能够反映艺术创作者独具个人风格的创作追求和审美理想。结合当下的中华经典诵读教育实际，这里我们谈一谈对"有感情地"和"积极"的理解。在上学时，语文老师经常要求学生"有感情地朗读课文"；在参加朗诵比赛时，指导老师也经常告诉选手"再积极一点"。但到底什么是"有感情地"？什么是"积极"？"有感情地""积极一点"，这说明我们都认可语言艺术应是以情动人、言为心声的，但是这个内在要求很多孩子和选手并未真正理解，反而变成了某种固定的表情、动作、腔调。需知，感情一定是说话者发自内心的，这是一个自然真实的过程，但如果加上"有"字，很多人便理解成了通过某种外在的形式手段便可以"有"，我们可以说，这个提法的初衷是好的，但是在诵读实践过程中很容易被孩子误解为"有感情地"就是加上某些表情和动作并附带夸张一点的语气即可。怎么"有"、如何"有"，说的是调动感情运动状态的方法，属于语言表达的内部技巧，反而不是靠外在形式上的手段能够解决的。另外，"积极"一词也常见于各类诵读比赛赛前的选手准备过程，所谓"积极"，也绝不只是面部表情保持微笑，一定要时刻保持某种标准口型和身体动作不可。"积极"其实说的是诵读艺术中诵读者的心理状态和发声时的气息状态、肌肉状态要保持松弛自然的状态，松弛是心理和肌肉的一种"度"，是能够让诵读者在诵读过程中时刻做到情动而气动，气动而声发，声发而言行，言行带来表情和动作等副语言的跟随和变化，这是实现自我调节的基础，也是语言表达游刃有余的前提。我们看到很多知名朗诵艺术家，在台上是如此的自然真切，而松弛的舞台状态是获得这种自然真切的前提。因此，"积极"也同样不应该是某些固定表情、声音、动作的代名词，它其实更适合于日常练习过程中，如果发现自己总是没有表达的欲望，或者总是发音时"懒""不张嘴"，这种情况下，可以通过单独练习来提升肌肉支持力和口腔状态，并想出适合自己的办法来调动自己的情感运动，当我们进入一段完整的诵读活动时，就不要再去纠结这些动作到位了没有、主动了没有，因为在完整地呈现一部作品时分散注意力，诵读者会很难实现高水平的语言表达。

四、思维是诵读者和经典作品之间的桥梁

在中华经典诵读的实践过程中，当我们面对浩瀚的经典文学作品时，无论是哪位创作者，都要完成两种形态的转换——书面语向口语的转换，有稿向无稿的转换。书面语和口语、有稿与无稿大家理解起来并不困难，但实践中关键的一环其实是创作者的思维，因为在中华经典诵读活动中我们诵读的是必定是他人的作品（自己诵读自己的几乎难以遇到，即使是自己的作品依然是写好的成品文稿），不存在现想现说、即兴说话的情况。那既然是诵读别人写的作品，甚至是古人的作品，对于诵读者而言，需要将原文转换成自己要说的话，即需要完成二度创作，在这个过程中，思维直接影响其诵读语言的实现，思维品质直接影响到诵读质量的高下。

可以说，没有了思维，诵读就失去了生命力，就成了空洞的语言。思维的深度、敏锐度、反应和想象，直接影响到朗诵的深度，只有诵读者对作品有了深刻的理解，并赋予作品自己的认知和体会，在诵读过程中形象思维与逻辑思维并驾齐驱，才能把一部经典作品诵"活"了，像是自己在说自己的话一样，自然真实的表情、恰到好处的语气、行云流水的节奏、细

腻传神的动作……都让观众身临其境、毫无阻隔地沉浸于其中，产生强烈的情感共鸣，余音绕梁回味不绝。与此相反，诵读就会流于表面，不能打动听众，也就是我们常说的"让人听不进去"。

提高思维能力的方法有很多，最常用的一是广泛阅读，二是深入思考，三是勤于练习。广泛阅读可以开阔视野，丰富知识，提高思维能力，诵读者应该广泛阅读各种类型的书籍，包括文学作品、历史著作、科学著作等，通过阅读，诵读者可以了解不同的文化、不同的思想，既可以丰富自己的知识储备，也可以提高自己的思维能力；深入思考是提高思维能力的重要途径，在阅读时，我们应该深入思考作品的思想感情，应该思考作品反映的背后深层次的社会问题，应该思考作品的艺术特色，在生活中，也要遇事多思考，伴随自身的成长，逐渐能够对社会生活中的一些见闻有属于自己的认知和判断，这也是提高思维能力的重要方法；而勤于练习是针对中华经典诵读的实践来说的，诵读者在实践中拿到一篇稿件之后，从理解感受、备稿到完成诵读，清晰的思维、敏锐的反应、严密的逻辑、生动的形象无不贯穿整个创作过程，经过漫长的实践训练养成良好的思维习惯，提升思维品质，从而能在之后的诵读活动中更好地驾驭。

五、中华经典诵读比赛中的形式美

在之前的内容中我们曾提及当前中华经典诵读比赛实践中，有的选手重形式表现，轻思想内涵的问题，下面单谈一下经典作品诵读的形式美。

（一）声音形式

声音形式的重要性毋庸置疑，声音是中华经典诵读最重要的传播介质，"没声音，再好的戏也出不来"。首先，"磁性""金属声"不等于好声音，好声音有一个基本的前置条件，即"真挚的情感"，这种真是因情而生的真，不是矫揉造作，不是千篇一律。其次，好声音需要持之以恒地训练，需要科学系统的方法，不是找到一个发声位置，不是找到一种声腔形状，好声音是稳定的又是富于变化的，是独特的又是朴实自然的。在这些看似矛盾的形容词背后，实质是辩证而多元的构成要素的参与。同时，声音形式是与诵读的文本体裁有直接关联的，我们打几个比方，一首流行歌曲，也不是绝对不能用戏腔唱，但用戏腔唱十有八九是要唱跑偏的；一首美声歌曲，也不是一定不能用通俗唱法唱，但用通俗唱法演唱可能会让人听不下去；一道川菜，也不是不能用粤菜做法烹调，但用粤菜做法做恐怕就不是那个味儿了……也就是说，每一种艺术形式都有其特定的介质和表现手段，创新不代表颠覆，个性不代表忘本，树立正确的创作观，遵循基本的形式感和创作法是体现相应艺术门类形式美的基本途径，在此基础之上的形式创新才是有据可依的。

（二）形体动作

中华经典诵读不是行为艺术，形体动作作为诵读的副语言，对于内容的呈现、情感的表达有着重要的支撑和辅助作用，火候分寸就显得尤为重要。在把握形体动作的"度"时，我们有一个基本原则，即形神兼备、自然恰切。自顾恺之提出"传神论"以来，写神传神一直是中国艺术理论中的主流思想，像宗炳的"山水之畅神论"，王微的"明神降之论"，谢赫的"六法之气韵生动说"，姚最的"心师造化"，张璪的"外师造化，中得心源"，张彦远的"以气韵求其画"，张怀瓘的"神妙之品"等都不约而同地体现了以形写神的创作理念。对于中华经典诵读而言，无论是重浪漫重理想的豪放风诵读者，还是重理性重写实的再现型诵读者，抑或是中间无数种形态的其他创作者，都会遇到诵读时形体动作的"度"的把握问题，而"以形写神"是基本原则，首先是因为中华经典诵读活动本身的严肃性、庄重性，诵经典、传雅言是非常重视仪式感和分寸感的，如果一位诵读者在中华经典诵读的展示过程中表情动作极为夸张，声嘶力竭，捶胸顿足，想必这在多数情况下是不合适的。其次是因为艺术表现最忌触碰边界，我们常说有理不在声高，艺术表现重在意境，如果情到了十分，而声也到十分，便失去了想象的空间，其实也正是在这细微的差别中，观众更能实现创造性的艺术接受，这便是文学和语言艺术留给受众特别的审美空间。

（三）服装道具的运用

对于一次中华经典诵读的创作活动而言，服装道具与形体动作等其他辅助元素一样，运用得好可以起到锦上添花的效果。诵读艺术中的服装选择，首先要与诵读作品的题材与内容相契合。例如，当诵读一首关于古代诗歌的作品时，诵读者可以身穿古装，也可以灵活选择中山装；当诵读一首关于现代诗歌的作品时，朗诵者可以身穿西装等现代装。此外，服装的选择还应考虑诵读者的个人气质与形象。例如，男性诵读爱国主义题材作品时，服装应尽量阳刚大气；女性诵读写景抒情散文时应尽量着高雅婉约的服装。同时，无论诵读者选择的服装是哪种风格，都要注意服装的自然得体，与场合、作品以及个人风格相契合为宜，不能穿着过于拘紧或暴露的服装。诵读艺术中的道具主要包括手持道具与舞台道具。手持道具一般包括书本、扇子、手帕等与作品内容直接相关的物件；舞台道具则包括桌子、椅子、景观等。道具的使用，能够帮助诵读者更好地传达情感，衬托朗诵作品的主题与意境。例如，诵读一首关于思乡的诗歌时，诵读者可以手持一张家乡的照片；诵读一首关于爱情的诗歌时，朗诵者可以手持一朵玫瑰花。但是要说明的是，这种手持道具并不是一定要有，诵读不同于表演，且不谈无实物表演，于诵读本身而言依然是侧重语言表达，道具如果用得巧、用得好，会起到锦上添花的作用，如果没有把握，则完全可以不用，而且现代多媒体技术日新月异，有时道具和舞美布景也可以通过电子手段来实现。

六、背景音视频元素的运用与舞台调度

针对前文提及的在中华经典诵读比赛中使用背景音视频等其他辅助元素存在的一些问题，我们主要从三个角度来进行探讨。

第一，背景音乐的使用不一定要从头垫到尾，有时背景音视频静音反而比有声音更有震撼人心或推进情节发展的艺术效果。例如，伴随着诵读人声的开始，在交代情节发生的基本环境时或正文开始之前，如《岳阳楼记》的开头第一段；在两段相对独立的内容之间转换过渡时，如《钱学森回国》中"……他的力量的源泉同样也来自那个方向"与下一段"就在两个多月前，那张写着钱学森急切呼救声的香烟盒纸，远涉重洋……"开始之间；在同一个故事内，在思想情感发展到高潮转而开始酝酿结束的情节前，如《河床》中"你们的团圆月，正从我的脐蒂升起"与"我答应过你们……"之间；在某些特定情境下的转折之处，如《最后一只藏羚羊》中"当他们的亲人惨遭杀戮而他们自己却无能为力反击时，他们又会怎么样！"

与"这时，一丝声响在我的背后响起……"之间；在某些具有铺垫、映衬、转折等音效出现时，如雷声、枪声、喊声、钟声等出现时等，类似这些位置，不用背景音乐只保留人声，会起到改变节奏、转换逻辑、变换情感、推进情节的作用。而且从观众的视角来看，在一段连续的背景音视频推进过程中，在某些位置突然静音，反而更能"抓住"观众的耳朵，吸引听众更加专注于诵读者的表达，起到扣人心弦、引人入胜的作用。

第二，背景音视频的制作一定要契合诵读过程中的情感节奏和内容发展节奏。从这一点上来看，一方面说明我们可能并不需要背景音乐持续播放，另一方面更说明了在大多数情况下，我们往往需要在若干首乐曲中分别节选其适合的片段剪辑到一起，才能制作出一部诵读作品的完整背景音乐。而在实践操作中，一般需要诵读者先录一遍干声，即没有背景音乐但是情感节奏和时间长短几乎达到作品最终呈现时的节奏和长度，然后再来选择不同的乐曲和视频素材进行剪辑从而为这段干声加上背景音视频，制作的过程往往需要反复寻找不同的乐曲和视频素材，再根据干声的语速来调整，最终达到音视频的节奏与人声完全同步的效果。因此，一定是诵读者自身的诵读节奏、情感转换节奏、语速变化决定了我们应该为之匹配什么样的背景音视频内容，如果我们反过来先做好背景音视频或者为了省事直接用一个现成的背景音视频文件，然后以诵读去贴合音视频则必然本末倒置，也失去了诵读的意义。

第三，视频制作的相关建议。背景视频的一大重要功能是丰富和补足与文本内容推进相关的画面，使得观众对诵读内容的理解进一步具体化，起到诠释和升华主题的作用，也让经典诵读由声音艺术转变为真正的视听艺术。在背景视频的制作上，有三个方面需要注意，一是画面的诠释性和升华性，可以通过蒙太奇的手法实现，但画面作为辅助元素的呈现，不需要对诵读的文本内容面面俱到，甚至在有些没有直接素材可匹配的情况下，可以通过寓意性蒙太奇来起到象征、概括、点到为止的作用，无须每一帧每一秒都与文稿中的字词一一对应，要把握好诠释的"度"，过于复杂往往会分散观众的注意力，喧宾夺主；过于简单则显得平淡，无法对诵读的节奏起到衬托和推进作用。另外，一些原始素材的运用尤其在涉及社会、人文、历史等有关内容时，务必要严谨，对其中的画面、文字进行具体核实，不能出现常识性或原则性错误。最后，背景音乐与背景视频画面亦要做到节奏上的匹配和同步，如果是古代题材，根据文本的具体内容和时长，可以采用一到若干组呼应主题的图片贯穿始终，有技术支持的可以用相关视频软件做成粒子动态效果，不必过于追求视频与文稿语句的逐一匹配。在一些展演性的场合，也可以邀请钢琴、小提琴、琵琶、古筝等器乐演奏者同台演奏作为背景音乐，这样经过前期的沟通和排练更能实现诵读需要的音乐设计，达到更为生动的舞台效果。

　　第四，灯光设计原则。舞台灯光配合中华经典诵读需要遵循以下五个基本原则。一是主题性，灯光设计要紧紧围绕朗诵作品的主题展开，通过光线、色彩的运用，突出作品的中心思想。二是情绪性，灯光设计要与诵读作品的情感基调相协调，通过光线的明暗变化、色彩的冷暖对比等，渲染出作品所要表达的情感。三是节奏性，灯光设计要与朗诵节奏相匹配，光线、色彩的变换要与创作主体的语调、肢体动作相呼应，形成和谐统一的整体。四是构图性，灯光设计要注重舞台空间的构建，通过光线、色彩的组合，塑造出富有美感、有层次感的舞台画面。五是创造性，灯光设计不受任何条条框框限制，可以根据诵读作品的特点和演出场地情况，进行大胆创新，创造出具有独特风格的灯光效果。

在诵读过程中，灯光也可以时时配合诵读者的展示。第一，可以用光线勾勒诵读者的形象。通过光线的投射，突出诵读者的脸部、手部等，让观众能够清晰地看到朗诵者的表情、动作。第二，可以用色彩渲染诵读者的情感。不同的色彩可以表达不同的情感，比如红色可以表现热情、奔放；绿色可以表现清新、自然；蓝色可以表现忧郁、深沉。通过色彩的运用，可以渲染主体的情感，让观众产生共鸣。第三，可以用光影营造特殊的氛围。通过光线的明暗变化、虚实对比，可以营造出不同的舞台氛围。比如，灯光逐渐变暗，可以烘托出神秘的气氛；灯光逐渐变亮，可以营造出欢快、热烈的气氛。第四，可以用光线引导观众的视线。通过光线的聚焦、移动等，可以引导观众的视线，让他们把注意力集中到诵读者的身上。比如，当诵读者在舞台上走动时，灯光可以跟随创作主体移动，让观众能够清晰地看到诵读者的每一个动作。第五，灯光与音乐相互配合。灯光与音乐可以相辅相成，共同烘托作品的气氛。当音乐响起时，通过光线的变化来配合音乐的节奏和旋律，可以增强音乐的感染力。

第五，舞台调度的主要原则。在中华经典诵读的舞台上，舞台调度对于一次诵读活动的展示有着重要作用，在前文已经提到舞台调度应该考虑的一些问题，这里主要针对一些有必要进行舞台调度设计的作品，提出应遵循的主要原则和方法。首先，舞台调度应该服从诵读创作的整体构思。诵读舞台调度的首要原则是服从诵读表演的整体构思。舞台调度必须为诵读表演的整体构思服务，不能脱离诵读表演的整体构思而单独进行。其次，应突出诵读主体的舞台表现。舞台调度不能喧宾夺主，不能抢诵读创作主体的风头，调度过于复杂或者调度不当对于观众而言会造成观看的干扰。舞台调度应尽量为诵读者的表达提供有利的条件，最后，在设计和彩排阶段，舞台调度应与舞台美术相配合。舞台调度要考虑舞台美术的风格、色彩、灯光等因素，使诵读表演与舞台美术浑然一体，形成统一的艺术整体。

从诵读者的舞台行动来说，应主要涵盖位置调度、动作调度、节奏调度、表情调度等方面。位置调度是指确定诵读主体在舞台上的位置。位置调度要考虑诵读者的站位、坐位、走位等方面的情况。位置调度要与诵读表演的内容、节奏、情绪等因素相配合，使诵读者在舞台上始终处于最佳的位置，从而能够更好地进行表演。动作调度要考虑朗诵演员的形体、动作、表情等方面的情况，也应与诵读的内容、节奏、情绪等因素相配合，需要注意的是动作上尽量做到点到为止，很多情况下应避免过度、过大、过强、过频，起到象征作用即可，力求少而精。节奏调度主要涉及的是诵读者的行动节奏与语言表达的关系问题，尤其是在遇到较远的走动时，脚步节奏一定要与语言节奏相协调，走得快说得慢或者反之都会给人节奏上的混乱感，很容易"跳戏"，肢体动作的节奏也同样应与语言节奏相匹配。表情调度方面，既有言为心声，表情亦是如此。情感到了，诵读状态整体松弛，表情自然与情感协调即可，主要是眼神方面，心里有眼里才会有，内心视象清晰、思维活跃、情感运动，眼睛里才有物、才有情、才有神，任何的刻意和迟滞都会带来表情上的不自然，因此我们常说，看一位诵读者的眼神便知其真不真，虽然没有那么绝对，但可以从一个侧面体察到诵读者的整体状态如何。

第七章

中华经典诵读的国际传播

第一节　中华经典诵读的国际传播现状与影响

中华经典诵读活动，是学习中华文化、宣传中华文化、弘扬中华文化的重要形式。通过诵读，传承中华优秀传统文化，能够激发民族自豪感和自信心，增强中华儿女的向心力和凝聚力，对内巩固民族团结、增强中华民族凝聚力，对外弘扬中华文化，是向世界展示中国国家形象的有力途径。在新时代，中华文明需要以更加开放的姿态面向世界、面向未来。我们要积极吸收和借鉴世界上其他国家和民族的先进文化成果，让中华文化与世界各民族文化相互交流、相互借鉴、相互融合，不断注入新的活力，不断发展壮大。同时，我们要坚持古为今用、洋为中用、推陈出新，创造出具有鲜明时代特征的中华文化新篇章。

国务院办公厅2020年在《关于全面加强新时代语言文字工作的意见》[1]中明确提出："实施中华经典诵读工程，加强中华优秀语言文化的研究阐释、教育传承、资源建设及创新传播""大力提升中文国际地位和影响力""推动中华经典诵读海外传播"，为中华经典诵读的传播提供了纲领性支撑。

第一，以中华经典诵读为主题的相关国际赛事层出不穷。"汉语桥"系列中文比赛自2002年举办首届比赛以来，已有150多个国家，超过140万名学子因为热爱中文与"汉语桥"结缘，

1　国务院办公厅：《国务院办公厅关于全面加强新时代语言文字工作的意见》，国办发〔2020〕30号，2020年，访问日期：2024年6月6日。

每年更有1亿多海外观众[1]关注比赛盛况，依托"汉语桥"这座"文化之桥、语言之桥"，向世界深情诵读中华经典，讲好中国故事，传播中国声音，为推动中华经典的海外传播、促进中外人文深入交流以及中外人民友谊的持久发展作出了巨大贡献。"全球中华文化经典诵读大会"2004年7月在香港马鞍山乌溪沙举行，来自中国、马来西亚、印度尼西亚的2000多位读经小朋友参加了"千人大诵读"活动。2005年第二届全球中华文化经典诵读大会在北京举行，赛事得到了全国政协、全国人大常委会相关领导同志的贺信支持和现场致辞，来自海内外60多个代表队的师生分别登台亮相，奉上各种形式的精彩诵读表演，千名师生登上八达岭长城，齐声诵读《论语》《大学》等中华文化经典，展现海内外中华儿女团结一致复兴中华民族的决心。截至2015年，全球中华文化经典诵读大会举办了八届，在第八届的活动现场，来自美国、英国和中国等20多个国家和地区的千余人共诵《论语》《老子》等中华国学经典。2018年以来，教育部和国家语委实施的"中华经典诵读工程"正式启动，大赛专设留学生组别，成为了一座连接中外文化交流的桥梁。每年来自全国各大院校的上千名外国留学生报名参加中华经典诵读大赛，以中华经典诗词等为代表的一大批优秀作品入围全国奖，留学生们不仅可以领略中国语言的独特魅力，更能深入了解中国传统文化的精髓，获得对中国历史、哲学、文学等领域更加全面的认知。中华经典诵读工程为留学生们搭建了一个跨越语言和文化障碍的平台，使他们能够与中国文化进行深入的交流与对话。2019年"致经典"国际诵读会在加拿大多伦多大学密西沙加校区举行，经过中加两个赛区的层层选拔，近50名

1　中国青年网："汉语桥"二十载正青春　五大洲共携手迎未来，2021年10月28日，访问日期：2024年6月6日。

海内外优秀青少年齐聚加拿大共襄诗词盛典。诵读会现场，中加选手们通过中英文朗诵和才艺表演等内容了解中国、致敬经典，在国际舞台发扬中华传统文化的魅力。

第二，以官方媒体为代表的全媒体传播构建了丰富的中华经典诵读传播矩阵。中国中央电视台倾力打造的中华经典诵读品牌节目《朗读者》已传播到五湖四海。2018年10月10日下午，图书《朗读者》在德国法兰克福书展举行了多语种版权签约仪式，与来自德国、俄罗斯、印度、阿尔巴尼亚、吉尔吉斯斯坦、黎巴嫩等国家的出版社签订了八个语种的版权合作协议。此次签约的多语种版本将以英文版为范本，在原有94篇经典作品的基础上，精选14位中国现当代作家和"朗读者"，旨在向世界传达中国文学的经典力作，弘扬中华优秀传统文化，促进不同文化之间的交流与互鉴。另外，《朗读者》团队在法兰克福与当地作家、汉学家举行交流活动，围绕中国文学、中西文化开展对话。

中央电视台《经典咏流传》节目将其与当今流行音乐元素有机融合，打造出"读诗成曲，传唱经典"的全新概念，为中华文化经典插上了音乐的翅膀，如《明日歌》《陋室铭》《水调歌头·明月几时有》等脍炙人口的诗词制作的曲目不仅在节目中广受好评，还被许多歌手翻唱，在各大音乐平台上引起热潮，其版权输出七个语种进入海外读者的视野。这种将古典诗词与流行音乐相结合的方式，不仅让经典诗词焕发了新的生机，也让世界各地观众了解和喜爱上了中华文化典籍，让中华经典传统文化在更多的国家扎根、发芽、开花、结果。同时，节目制作团队旨在将诗词之美以更加便捷、多样的方式呈现给读者，灵活运用新媒体传播方式，通过扫描书中二维码，读者便可以聆听《经典咏流传》节目中的经典传唱人演绎诗词之美，以及专业播音员的示范朗诵，体验听觉上的盛宴。同时，书中嵌入AR技术，读者扫描书中照片，即可观看节目精彩的视频片段，带来身临其境般的视觉感受。此外，人民文学出版社还将在未来陆续推出《经典咏流传·学生背诵版》《经典咏流传·我为诗狂》《经典咏流传（电视版）》等多个版本，满足不同读者的阅读需求。

第三，国内社会团体组织、海外华人华侨等丰富了中华经典对外传播群体。近年来，有许多社会团体组织成立了中华经典传播委员会，专门负责中华经典的海外传播工作。例如，中国孔子基金会成立了中华经典传播委员会，该委员会组织专家学者编写了《论语》《道德经》《诗经》等中华经典的翻译、注释和赏析，并在海外举办了多次中华经典讲座和展览。2016年开始，中国孔子基金会发起组织了"全球祭孔网络直播活动"，海内外六十多家文庙、儒学机构、孔子学堂共同参与，其中"万人诵论语，助力全球祭孔""祭孔我参与""《论语》百姓说"等环节，让儒家仁爱和平的理念在世界范围内得到进一步弘扬和传播。

海外华人华侨在中华经典对外传播中也发挥着重要作用。近年来，有许多海外华人华侨成立了中华经典研究会、中华文化交流协会等组织，专门负责中华经典的海外传播工作。他们组织专家学者，编写中华经典的翻译、注释和赏析，并组织中华经典的海外讲座和展览。例如2019年由中国日报·21世纪英文报、北京圣陶教育与创新研究院联合主办，21世纪英语教育传媒、加拿大密西沙加华商会承办的"致经典"国际诵读会，面向3岁至18岁青少年，通过用中英文朗诵中国古典诗词，为广大青少年搭建了一个用英语讲述中国故事、传递中国传统文化的舞台，促进了中西方文化交流与沟通。

第二节　中华经典诵读国际传播存在的主要问题

中华经典诵读的国际传播容易受到中外语言习惯、文化差异的影响。目前，中华经典诵读主要在国内部分地区开展，在国际上的传播范围还比较有限。主要原因是，中华经典诵读文本中的古文，对外国诵读者来说受文学风格、创作思维等方面的影响，阅读接受难度很大，同时中华经典诵读中所蕴含的思想文化内涵，也与外国读者的文化背景存在一定的差异。例如有国外学生在学习诵读唐代诗人王维的《辛夷坞》时，对其中"涧户寂无人"一句难以理解，他们把其中的意象"涧、户、寂、无人"翻译成英文排列后完全摸不着头脑，因为那看起来是毫不相干的几个单词，这导致在做诵读准备时很难体会其诗中的意境，后续的诵读效果自然欠佳。

传播形式较为单一，渠道相对较窄。目前来看，中华经典诵读的海外传播形式主要集中在线下的诵读比赛、汉语学习推广活动、晚会等方面，这种方式的优势在于能够短时间内形成较为集中的中华经典诵读推广点，但类似诵读比赛的严肃性和语言表达的门槛性较高，因此在传播的互动性、创新性、持续性上有着较为明显的短板。中华经典诵读在世界范围内实现有效传播的基础是中华文化的有效传播，中国的"一带一路"倡议，让世界更多国家更多观众认识、理解和接受中华文化，推进中华经典诵读的国际传播也会顺水推舟。

缺乏标志性作品和代表人物。说起中国电影，海外很多观众知道Bruce Lee（李小龙）和Jackie Chan（成龙）。近几十年，中国影视作品在海外的影响力和热度越来越高，如2018年中国电影《战狼2》最终票房56.8亿人民币，位列全球票房榜第55名，成为首部跻身全球票房top100的中国电影。此外，中国电影《流浪地球》在海外的票房收入也取得了不错的成绩，达到8.3亿美元。中国电视剧如《甄嬛传》在海外的播放量非常高，深受海外观众的喜爱，《琅琊榜》《伪装者》《花千骨》等也在海外取得了不错的成绩。相比之下中华经典诵读的国际传播则缺乏一批类似的有影响力的标志性作品和人物。

第三节　中华经典诵读国际传播的优化路径

第一，内容为王，凝练具有世界价值和时代意义的中华经典诵读作品走向国际。首先，应是思想深刻，具有中华民族特色、增强民族的凝聚力和认同感的作品。文学艺术既是民族的也是世界的，想要让中华经典走向世界，恰恰应该发挥我们中华经典的自身民族特色。中华经典是中华文化的一部分，它是中华民族民族精神和民族意识的体现。文学艺术作品中的人物、情节、故事、语言等元素都与我们的民族文化息息相关，反映了本民族的生活方式、价值观念和审美趣味，失去了自我也就失去了国际传播的根本前提。其次，应是体现和反映人类命运共同体意识的经典作品。文学艺术作品中所表现的人类情感是共同的也是共通的，当我们听到《国际歌》时，各个国家的劳动人民都能触及它昂扬的战斗激情，感悟其中无产阶级锐不可当的阶级力量和博大的革命胸怀。任何一个国家的经典作品都不应受民族、种族和文化背景的限制，爱情、亲情、友情等感情和悲伤、快乐、愤怒等情感都是人类共有的，经典一定是能够引发全世界人民共通的情感共鸣的作品。

第二，文化为先，丰富创新传播形式。在国家相关部门的支持下，以中华经典为蓝本，创新线下与线上双重传播路径，以一批初步形成品牌效应的中华经典诵读比赛和活动为基础，打造一批全新的中华文化、中华经典诵读体验活动，充分开拓传播链条。在线下，拓展中华文化、中华经典诵读相关交流、展示、项目、课程等方面的内容在海外大中小学校的合作与植入，除举办比赛、展示等高门槛活动外，可以举办更多周边开放体验式活动，更加注重开放性、体验性、互动性、创新性，让普通国外市民朋友更加直接地参与到中华文化、中华经典的相关活动中来。开放与互动应是双向的，不仅应有中华文化的展示，也要有当地文化的参与，在融合中形成长效的可持续的品牌活动。在线上，全面运用高科技手段对中华经典诵读系列作品进行包装与创新，以多种节目形式、专辑形式、短视频形式、影视形式将中华文化、中华经典诵读内嵌于其中，加强对国内传媒企业的扶持力度，打造互联网有声书品牌，提升粉丝基数和影响力，重视数字化营销，顺应数字媒体发展，利用高科技手段拉近与海外用户的距离，在精品内容为核心的前提下，充分利用数字化手段为中华经典诵读"穿新衣、换新颜"，形成跨区域、跨文化、跨媒介的多极化中华经典诵读国际传播新格局。

第三，拓宽传播渠道，深化信息流动与传播，促进平台转型升级。在当今数字化时代，传统的文化传播方式正在经历着前所未有的变革。为了更好地推广中华经典，我们可以借助互联网和社交媒体等新兴平台，将经典诵读的声音传播到更广泛的国际受众中去。一方面，通过传统大众网络传播平台X、Facebook打造中华经典诵读品牌账号，在TikTok和Instagram等平台分享中华经典诵读代表性影像内容，并在各平台接收海外观众对于中华经典诵读的信息反馈，形成互动机制，通过平台点赞转发形成再传播，扩大品牌影响力。另一方面，针对世界不同地区受众群体、用户黏性与偏好的不同特点，鼓励中国互联网企业建立专门的网络平台和社群，结合不同国家不同受众的传播渠道，除海外华人常用的微信等社交软件外，也要在Snapchat、WhatsApp等海外主流社交软件上打造品牌账号，完善内容，重视反馈信息，把握传播方向，让海外观众更加便捷地接触和学习中华文化。同时，可以与海外院校、文化机构合作，举办线上线下文化活动，促进文化交流与合作，提升中华经典在国际上的影响力。

此外，利用大数据分析和人工智能技术，精准定位目标受众，量身定制内容推送，提升海外传播效果和用户体验。通过不断创新和完善传播方式，使中华经典在海外传播中焕发新的活力，让更多人了解、喜爱和传承中华优秀传统文化。传统与现代的结合，将为中华经典的海外传播开辟更加广阔的未来！

参考文献

[1] 黑格尔.美学[M].朱光潜，译.北京：商务印书馆，1981.

[2] 吴调公.李商隐研究[M].上海：上海古籍出版社，1982.

[3] 热拉尔·热奈特.叙事话语 新叙事话语[M].王文融，译.北京：中国社会科学出版社，1990.

[4] 王思保.古诗文吟诵集粹[M].北京：北京语言学院出版社，1993.

[5] 李明学.朗诵名家谈朗诵艺术技巧[M].北京：中国国际广播出版社，1992.

[6] 陈少松.古诗词文吟诵研究[M].北京：社会科学文献出版社，1997.

[7] 康德.判断力批判[M].邓晓芒，译.北京：人民出版社，2002.

[8] 伏俊琏.谈先秦时期的"诵"[J].孔子研究，2003（03）：67-73.

[9] 张颂.中国播音学[M].北京：北京广播学院出版社，2003.

[10] 童庆炳.文学经典建构诸因素及其关系[J].北京大学学报（哲学社会科学版），2005（05）：71-78.

[11] 刘梦芙.略谈传统诗词的吟诵[N].光明日报，2007-01-26.

[12] 赵敏俐.歌诗与诵诗：汉代诗歌的文体流变及功能分化[J].首都师范大学学报（社会科学版），2007（06）：65-74.

[13] 海德格尔.论真理的本质：柏拉图的洞喻和《泰阿泰德》讲疏[M].赵卫国，译.北京：华夏出版社，2008.

[14] 陈洪，张洪明.文学和语言的界面研究[M].天津：南开大学出版社，2008.

[15] 张慧宁.中学语文教学中的语感与吟诵[J].教育导刊，2008（05）：56-57.

[16] 张颂.朗读学[M].3版.北京：中国传媒大学出版社，2010.

[17] 徐林祥，许艳.中华经典诵读教育研究的背景、价值与问题域[J].语文建设，2011（09）：71-74.

[18] 海德格尔.艺术作品的本源[M].孙周兴，译.北京：商务印书馆，2022.

[19] 马丁·海德格尔.林中路[M].孙周兴，译.上海：上海译文出版社，2014.

[20] 肇燮，石彦伟.在时代中穿行的声音——新中国成立以来朗诵艺术发展轨迹探析[J].当代电视，2015（07）：61-62.

[21] 国家语言文字工作委员会.语言生活皮书——中国语言文字事业发展报告（2021）[R].2021：71-83.

[22] 李嘉宝.在海外传播中华传统文化[N].人民日报海外版，2021-11-03（06）.

[23] 张颂.朗读美学：第三版[M].北京：中国传媒大学出版社，2022.

[24] 邵的湾.立体阅读：融媒时代中华经典诵读的新方式——以《典籍里的中国》为例[J].电视研究，2022（07）：42-44.

[25] 张译心.推动中华经典诵读海外传播[N].中国社会科学报，2022-01-12（001）.

［26］王一茹.传媒企业视角下经典诵读工程的海外数字化营
　　　销策略[J].现代营销（经营版），2022（01）：145-147.

［27］李红霞.基于讲好中国故事的国际学生中华经典诵读教
　　　学研究[J].汉字文化，2023（02）：90-92.